本书为湖南省一流课程"轮滑"及"幼儿轮滑理论与
实践指导"研究成果。

幼儿轮滑

理论与实践研究

◎ 王岐富　著

湖南师范大学出版社

前　言

　　轮滑运动是一项具有健身性、竞技性、娱乐性、挑战性、时尚性等功能价值的运动项目，深受青少年和幼儿的青睐。2022 年北京冬奥会成功举办，掀起我国冰雪运动热潮，民众纷纷走上冰雪场地去体验滑行乐趣，很多学校也加入冰雪项目的教学，但受场地和天气的影响，冰雪项目的学习不宜开展，轮滑运动作为滑冰项目非雪季陆上的辅助项目，对场地要求相对冰雪场地要求简单，更易于开展，轮滑项目的学习与普及也可以更好地为今后冰雪项目的学习服务，轮滑项目受到社会、学校、家庭前所未有的关注。在阳光体育运动和体育项目进校园的政策支持下，轮滑运动在学校体育和社会俱乐部开展得如火如荼，学者们也加强了对轮滑教学和训练的研究，诸多学者研究发现轮滑运动可以有效提高参与者的平衡能力、协调能力、灵敏素质、力量、速度、耐力、柔韧等身体素质；改善参与者的身体形态；促进神经系统、呼吸系统、免疫系统等发展；提升参与者的心理素质，增强自信，消除紧张、恐惧等不良情绪；有利于基本动作技能的学习，提升运动表现能力。轮滑运动的技术特点，要求运动员穿着不稳定的轮滑鞋，下肢交替蹬地支撑，保持蹲姿位，躯干前压，控制好身体的重心快速滑行，对身体的下肢力量、稳定性、平衡感、协调性、速度耐力等要求比较高。研究发现幼儿 4～5 岁是初学轮滑的最佳时期，但是幼儿的身心发展还不够成熟，运动能力比较低。轮滑学习对幼儿的基本运动能力要求比较高，如何通过先进的运动手段快速提升幼儿的运动能力，为更好地进行轮滑训练奠定基础，需要进一步研究。运动能力对个体全面发展有着重要影响，并贯穿于个体的一生。

通过对幼儿轮滑资料的搜集整理，研究发现当前学者对幼儿轮滑的研究相对较少，对轮滑俱乐部、高校幼儿轮滑课以及竞技轮滑的研究相对较多，对于幼儿轮滑的研究范围主要包括轮滑对幼儿的身心发展的影响、幼儿在轮滑过程中的损伤和预防以及影响轮滑在幼儿中开展的因素等方面，但系统研究幼儿轮滑理论与实践的资料较少。本书旨在通过对轮滑项目的分析，探究 3～6 岁幼儿发展指南，对幼儿在轮滑中可能会遇到的问题进行重点剖析，提高幼儿对损伤的预防能力，促进幼儿动作发展，提高幼儿的运动能力，为其日后更好地进行轮滑训练奠定基础。

在我国获得 2022 年冬奥会举办权后，我国号召"3 亿人上冰雪"，积极推动"轮转冰、冰促轮"的政策实施，越来越多的人开始接触轮滑运动，因不受场地、季节、年龄的限制，趣味性高，部分高校及小学开设了轮滑选修课，目前，社会上也增加了很多幼儿轮滑兴趣培训项目，趣味性和组织形式深受幼儿喜爱，为开展幼儿体育运动打下了良好的基础，并对幼儿平衡能力发展进行细致的探索研究，减少幼儿日常损伤。本书将遵循幼儿身体素质发展规律，突破"小学化"倾向，以趣味性游戏的形式，进行轮滑运动的教学，探索科学有效促进幼儿平衡能力的轮滑运动方案。

目 录

理 论 篇

实践篇

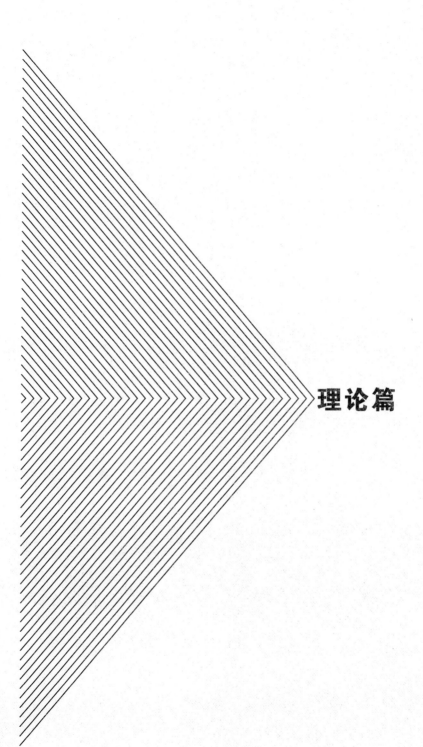

理论篇

第一章
幼儿轮滑概述

第一节　轮滑项目起源

一、国外轮滑运动的发展

轮滑运动的起源可以追溯到 18 世纪，一个荷兰人最先发明了滚轴溜冰。1860 年，一个叫约瑟夫·默林的比利时人将很小的木轮子安在鞋上滑行。1800 年，为了在夏天能够继续进行溜冰练习，德国人将木轮子安装到冰鞋上。最早的滚轴溜冰鞋于 1818 年诞生于德国柏林，很快在法国巴黎的大街上也现了滚轴溜冰。在英国，这种运动被称为溜冰。这个时期，轮滑只能直行，不能转弯，也没用制动的装置。18 世纪 60 年代，出现了两轮（前后）溜冰的记载，但这种鞋很难控制滑行。1863 年，美国人詹姆斯·普利姆普顿发明了一种有转动装置的鞋，从而推动了各国轮滑运动的发展。这种鞋能够转动，而且能控制，为此也带来了最早的轮滑运动热潮。

1866 年，詹姆斯在纽约投资开办了第一个室内滚轴溜冰场，成立了纽约轮滑运动协会，并开展轮滑比赛。到 1884 年，美国人理查森和雷蒙德发明了滚珠轴承，这对改进滚轴溜冰运动的技术起到了极大的推动作用。1892 年 4 月 1 日，国际轮滑联盟在瑞士成立，总部设在美国。20 世纪初，轮滑运动在美国和欧洲进一步发展，一些国家纷纷成立了速度轮滑俱乐部。英国于 1908 年修建了世界上最大的轮滑场。

1924 年 4 月 21 日，德国、法国、英国和瑞士 4 国的 11 名代表相约在瑞士的蒙特勒市，成立了世界上最早的"国际滚轮溜冰联合会"。随着这项运动的发展，1940 年 4 月 28 日，在罗马举行的第四十三届国际奥林匹克委员会会议上，正式承认了轮滑运动项目的国际联合会，从此轮滑运动在世界各国得以广泛开展，尤其是在欧美各国。自 1936 年首次在瑞士举行了世界轮滑锦标赛后，国际滚轮溜冰联合会决定，每两年举行一次世界旱冰速度轮滑锦标赛（包括场地赛和公路赛）、每年两次世界花样轮滑锦标赛、每两年一次世界轮滑锦标赛等。1952 年，国际滚轮溜冰联合会第三十六次例会通过决议，正式更名为"国际轮滑联合会"。1997 年，国际轮滑联合会（FIRS）成为国际奥委会的正式成员。1980 年 9 月，国际轮滑联合会第三十六次例会通过决议，正式接纳中华人民共和国轮滑协会为该联合会的正式会员。目前国际轮滑联合会共有 98 个会员协会。

二、国内轮滑运动的发展

轮滑运动在中国开展得比较晚，轮滑运动于 19 世纪传入我国，当时仅出现于个别沿海城市，且只作为娱乐活动，并不普及，称为滑旱冰。改革开放以后，一些比较发达的城市才先后开设了为数不多的室内溜冰场。在中国轮滑协会没成立之前，我国的轮滑运动还没有作为体育运动纳入到竞赛中，只是作为一般的娱乐活动。

1980 年，我国正式成立了中国轮滑协会，并于同年 9 月加入国际轮滑联合会。轮滑作为新兴的娱乐活动逐渐走进了人们的生活但是由于诸多方面的因素，在 20 世纪 80 年代初轮滑根本不普及，竞技水平也不高，受到场地和器材方面的限制，只局限于专业人群参与。20 世纪 80 年代初期的轮滑运动并没有真正从事轮滑运动的专业人士，仅是从事专业滑冰的运动员在没有冰期时利用轮滑来代替陆地训练。

1982 年 5 月，我国首次在上海举行了"金雀杯"速度溜冰邀请赛，有 72 名选手参加了比赛。之后在中国轮滑协会的组织下各城市开始举办不同程度的比赛：1983 年 10 月，在首都工人体育场举行了第一届全国轮滑锦标赛；1985 年，在河南安阳举办旱冰锦标赛，并增加了花样轮滑的比赛；1988 年，在广州举行了首届穗港澳轮滑球邀请赛；1989 年 6 月，在长白山脚下的白河举行了首届全国轮滑球锦标赛。

1985 年，杭州第一次承办了第三届亚洲轮滑锦标赛，标志着中国的轮滑运动正逐步与国际接轨。

1987 年 1 月 1 日，原中华人民共和国国家体育运动委员会根据国际通用名称将中国俗称的"旱冰运动"正式命名为"轮滑运动"，将"旱冰速滑"改名为"速度轮滑"与国际统称相一致。但是大多数人群对于轮滑运动并没有清晰的概念，只是认识被称作"溜旱冰"的娱乐活动，受到那个年代人们工作时间和经济收入上的限制，很少有人真正接触到此项运动。

1980 年，中国轮滑协会成立，进一步加强了我国轮滑运动的教学、训练、竞赛及科研工作。

2009 年 9 月，世界速度轮滑锦标赛在浙江海宁市举办，这是我国继2008 年成功举办第 13 届亚洲轮滑锦标赛后所承办的又一项重大国际赛事。在青年女子组马拉松比赛中，中国队的范楚倩、李丽莎分别以 1 小时 17 分23 秒和 1 小时 17 分 34 秒的成绩，夺得世界轮滑锦标赛速度轮滑马拉松青年女子组冠、亚军，实现了我国速度轮滑史上"零奖牌"的突破。这次世界轮滑锦标赛的成功与否将直接关系到轮滑运动能否列入 2016 年的奥运比赛项目，因此这次活动也受到国内外的众多关注。

通过中国知网检索查阅，我国关于轮滑运动方面的研究最早的一篇论文是 1987 年史淑华发表的《浅谈速度轮滑比赛中战术的运用》。据统计，从20 世纪 80 年代的关于轮滑相关文献 15 篇到 2022 年 6 年已经发表关于轮滑相关文献共 370 篇。目前较有代表性的书籍有于立强、王尔、朱志强等编著的《轮滑运动》，李瑶章、付进学编著的《轮滑快速入门不求人》，刘仁辉、戴登文《速度轮滑》等；较有代表性的论文有：于立强《论我国花样轮滑现状及发展对策》，王尔、常莉彬《对我国速度轮滑运动竞赛现状的调查与分析》，毛振喜、李文武、王金玲《我国近 10 年速度轮滑研究综述》，孙显墀、孙一《对国内外速度轮滑运动发展现状和趋势的分析》，付进学、朱志强、秦吉宏《谈中国女子轮滑球队在两届亚锦赛上的进步与不足》，张成林

《轮滑运动在高校体育教学中的实践》，程丽丽、朱潇雨、李兴汉《刍议速度轮滑常用比赛战术》，潘黎、秦福奎的《轮滑初学者教法初探》，秦吉宏《我国轮滑运动现状与发展战略研究》，等等。

根据轮滑运动在中国的发展变化，可将轮滑运动划分为 3 个发展阶段。第一阶段，我国轮滑运动发展的萌芽时期（1978—1989 年）；第二阶段，我国轮滑运动的发展时期（1990—1999 年）；第三阶段，我国轮滑运动发展的成熟时期（2000—2010 年）。

第二节　轮滑运动概述

一、轮滑的概念

轮滑是集健身、运动、惊险刺激于一身的运动项目，参与者仅靠一双轮滑鞋和几个简单的护具，就可以施展其运动天赋，尽情展现其速度、力量、耐力和敏捷性。轮滑运动技术动作富有美感并能全面协调和综合发展人的各项身体素质，使参与者达到强身健体、增强意志的目的，轮滑运动在世界各地都有大批爱好者，是一项运动性很强、普及面很广的运动形式。

轮滑曾经有很多汉化版本：旱冰、溜冰、滑冰、滚轴溜冰，但是现在，我们统一叫轮滑。轮滑是很棒的代步工具，如果选对了类型，双排轮滑和单排轮滑都是可以"刷街"的，双排轮滑的代步效果和长板不分伯仲。所有轮滑鞋代步活动中，速滑鞋的刷街性能最为实用。

二、轮滑的特性

（一）娱乐性

轮滑运动有很强的娱乐性，既可以个人单独练习也可以群体游戏。所以无论是平时休闲运动或与朋友、同学之间举行的小型比赛，轮滑运动都可使人们从平时紧张、繁重的学习和工作中解脱出来，达到身心放松的目的。

（二）健身性

轮滑是一项全身性运动，它能促进心脑血管系统和呼吸系统机能的改善和代谢作用的加强，例如能增强臂、腿、腰、腹等各处肌肉的力量和身体各个关节的灵活性，特别是对平衡能力的掌握有很大的帮助。同时，轮滑也是一项健康的有氧运动，一般来说轮滑的最大氧气消耗量（测量运动强度的基准）是跑步的90%这属于典型的有氧运动，可以达到强化心血管功能和燃烧脂肪的效果。

（三）工具性

轮滑还具有很多体育项目所不具备的一个特性，就是它可以当作交通工具。一般情况下，在平整的路面上，轮滑可以代步成为交通工具。当然，还是要提醒大家，滑着轮滑穿梭于车来人往的大街上时，一定要注意交通安全。

（四）经济性

轮滑作为一项简单经济的运动，大家在玩的时候除了初学时需要准备轮滑鞋和护具外，几乎不用再花费其他费用，这些运动器材的使用寿命也很长，无需一直更换。而且轮滑不像游泳、网球等运动，需要特定的运动场所，需要花费一笔价格不菲的会员费，办理会员卡进入专业场所练习等。

（五）方便性

轮滑不需要特定的运动场地，不像冰刀需要固定的环境才能进行运动。

（六）刺激性

虽然轮滑是危险系数较低的一项极限运动，但这仅限于对业余休闲玩家来说，例如极限轮滑仍是一项非常具有挑战与刺激的运动。极限轮滑主要分为街式极限轮滑和专业场地极限轮滑，而专业场地的比赛又可以分为道具赛和半管赛。这些比赛主要是做些具有挑战性的动作，比如下梯、跳台、空中动作。评委根据动作的难度和完成情况来评分，在观众大饱眼福的同时也绝对能让你体会到轮滑无与伦比的刺激性。

（七）观赏性

花样轮滑的出现最初是为了进行花样滑冰的训练，所以二者的观赏性也几乎相当。轮滑的另一个项目——平地花式轮滑同样极具观赏性。进行平地花式轮滑时，运动员穿着轮滑鞋，运用各种灵活多变的步法绕过放置在地上的障碍物，动作敏捷、灵巧，往往让观众惊叹不已，掌声不断。而速度轮滑则与跑步类似，更注重的是速度，以至于在轮滑的三个单项中是观赏性相对较差的一项，但由于运动的高速度和高难度，速度轮滑看起来仍是非常精彩。

三、轮滑项目的分类

轮滑项目可分为极限轮滑、速度轮滑、花样轮滑、轮滑球、轮滑舞蹈、休闲轮滑、自由式轮滑等。虽说都是轮滑，但不同项目给参与者带来的感觉是不同。随着它的不断完善，目前已形成多项轮滑竞技项目。

（一）极限轮滑

1. 极限轮滑简介

极限轮滑（Aggressive Skating）也叫特技轮滑，玩极限轮滑的人被称为 Roller Blatding。按个人意愿与习惯可以选用直排或双排极限轮滑鞋，极限轮滑为年轻人所追捧，主要分为 FSK（自由轮滑）和专业场地，专业场地分道具赛和半管（U 形池）。

极限轮滑最初都是使用双排极限轮滑鞋，后来独立发展出单排极限轮滑。双排极限轮滑和单排极限轮滑玩家不同，在追求技巧上的超越的同时，世界范围内的双排极限轮滑玩家都致力于改装自己的双排极限轮滑鞋。由于原装极限轮滑鞋的滑块部分为金属板，所以国外玩家都自己使用定制尼龙改装的滑块安装于双排极限轮滑上，更有甚者直接使用长方形枫木板，加装双翘滑板桥和尼龙滑块，改装后的双排极限轮滑鞋卡台性能极佳，还能有效地提高抓地力，让人更安全地享受极限轮滑带来的快感。

2. 极限轮滑的竞赛项目分类

主要分为自由式场地和专业场地，专业场地分道具赛、街道赛和半管（U 形池）。

（二）速度轮滑

1. 速度轮滑简介

速度轮滑（Speed Roller Skating）属于周期性耐久力竞速运动项目。超长距离和长距离是速度轮滑运动的基础项目，短距离是核心项目。为此，在实施训练中抓两头（长、短）项目带中间项目的训练指导思想，能更有效地提高运动员的成才率和团队乃至国家的整体实力。在培养优秀速度轮滑运动选手的训练中，应遵循以有氧代谢与无氧代谢混合功能为主的原则，结合不同项目对有氧代谢和无氧代谢需求比例的差异进行有针对性的身体专项机能训练。

2. 速度轮滑动作要领

（1）身体呈蹲姿：速度轮滑的滑跑姿势为蹲姿、团身，使身体呈流线型，以减小阻力。

（2）支点不固定：速度轮滑是比速度，重心难以控制。

（3）向侧后用力蹬地：这就是速度轮滑与走跑的不同之处。平时我们向前运动走或跑是向后用力，而速度轮滑是向侧用力，速度越快，越接近向侧用力。因此学习轮滑要养成向侧用力蹬地的习惯。

3. 速度轮滑的竞赛项目分类

以单排、双排轮滑鞋为比赛工具的竞赛项目，分为场地跑道比赛（跑道呈盆形）和公路比赛两种。

场地轮滑比赛项目有：300米、500米、1000米、1500米、2000米、3000米、5000米、10000米、20000米、30000米、42000米、50000米单人计时赛和接力赛。

世界锦标赛场地跑道正式比赛项目有：男子1000米、5000米、10000米、20000米4项以及女子500米、3000米、5000米3项。

公路速度轮滑比赛项目有：300米、500米、1000米、1500米、2000米、3000米、5000米、10000米、15000米、20000米、30000米、50000米单人计时赛和接力赛，还包括女子21000米半程马拉松赛、男子42000米马拉松赛项目。

（三）花样轮滑

1. 花样轮滑简介

花样轮滑是运动员脚穿轮滑鞋在轮滑场地内，在音乐的伴随下，进行各种曲线、步伐、跳跃、转体、旋转、舞蹈动作的滑行，是一项体育与艺术紧密结合的表演性运动项目。

2. 花样轮滑特点

花样轮滑是体育与艺术相结合的项目，它不仅需要高超的技巧，还要求必须有高度的艺术表现力和创造力。花样轮滑的整个过程必须与音乐紧密结合，并清楚深刻地表现出音乐的主题。运动员穿着轮滑鞋在地面上做的跳跃、旋转、步法等各种动作，不掌握平衡是难以实现的。无论是陆地上的旋转还是空中的旋转，花样轮滑自始至终都有"转"的动作，确切地说，花样轮滑的核心是旋转。由于花样轮滑比赛是需要选手完成成套动作，因此要求选手战胜自我，有良好的心理稳定性，发挥最高水平，完成高质量的动作。

3. 花样轮滑的竞赛项目分类

花样轮滑分为规定图形滑、自由滑、双人滑和双人舞 4 个项目。比赛在不小于 50 米长、25 米宽的场地上进行。参赛各队每项比赛最多可以有 3 人参加，男女总计 12 人。根据动作的难易程度、舞姿的优美程度等打分确定胜方。

（四）轮滑球

1. 轮滑球简介

轮滑球的外形看上去像是冰球和曲棍球的结合体，打法同冰球相似，比赛时两队各派 5 人上场，其中 1 名为守门员。运动员脚穿轮滑鞋，手持长91～114 厘米的木制球杆，在一块长 22 米、宽 12.35 米的长方形水泥质地或花岗岩石质地的球场上进行比赛。运动员可以传球、运球，通过配合把球攻入对方球门判得 1 分，得分多者为优胜队。球门高 1.05 米、宽 1.54 米，分置于球场两端线的中间。比赛用球形如棒球，重量为 155.925 克。每场比赛分两局进行，每局 20 分钟。

2. 轮滑球特点

（1）技术的复杂性

轮滑球运动既要求有抢断球的快速敏捷，又要求具有速度轮滑的速度，也要求有勾球、跃起、旋转等高难复杂的花样轮滑技术。

（2）观赏性

由于轮滑球运动比赛竞争激烈、战术多变，因此具有很强的观赏性。

（3）集体性

轮滑球比赛，双方有攻、有守、有接应、有配合，充分体现出其集体性。

（4）对抗性

轮滑球运动场上队员之间有直接或间接的接触，对抗比较激烈。

（五）轮滑舞蹈

1. 轮滑舞蹈简介

轮滑舞蹈是以轮滑技术为基础、结合音乐舞蹈的一种运动，该项目不需要高难度的轮滑及舞蹈动作，但却极其考验个人运动与音乐舞蹈能力。

轮滑舞蹈含规定舞蹈、创编舞蹈和自由舞蹈 3 部分。规定舞蹈分 3 组，每组 3 个舞，当年比赛以所抽组别为规定舞蹈。创编舞将舞曲分为两组：一组为布鲁斯、狐步、探戈、华尔兹、查尔斯顿等现代舞韵律；另一组为恰恰、帕索·道布勒、波尔卡、伦巴、桑巴等拉丁舞韵律。每年交替抽出两组中的一个舞蹈韵律，作为比赛创编舞曲韵律的规定，限定时间为 1 分 50 秒至 2 分 40 秒。自由舞蹈是运动员按规定时间（3 分 30 秒），在自选舞曲伴奏下滑行的自编舞蹈。

2. 轮滑舞蹈特点

轮滑本身动作优美，一些高难度动作需要有武术基础。比如 720°旋转在空中可以做舞蹈动作，再比如最难的独轮过桩。轮滑舞蹈以比赛舞蹈为主，不应有双人滑的特点，服装也须与音乐的特征相协调。

3. 轮滑舞蹈分类

轮滑舞蹈分为平花轮舞（Smooth Skates）、街头轮舞（Hiphop Skates）、力量轮舞（Power Skates）三种。

（六）自由式轮滑

1. 自由式轮滑简介

自由式轮滑最具代表性的就是过桩（Salomon）的平地花式。不同于花样轮滑（一般是指双排轮滑），平地花式讲究过桩的足部花式技巧，同时也要有全身性的节奏感，具有非常高的观赏性。

2. 自由式轮滑特点

（1）对场地、器材及环境的要求不高，时间、空间性不强。自由式轮滑不需要特定的场所，在公园、广场等宽敞的空地即可开展；装备简单，运动的灵活性较大，开展的时空要求不高。

（2）可操控性强，危险系数小。与速度轮滑相比，花式轮滑的速度慢、灵活性强，较容易受控制。佩戴器材保护性强，没有年龄限制，老少皆宜。

（3）有助于促进参与者身心全面健康。长期从事平地花式轮滑运动，有助于提高身体的平衡性、灵活性，促进体态、脏器的良好发育，特别是能提高青少年的意志品质。

3. 自由式轮滑（平花）比赛分类

（1）速度比赛：比赛单一规定滑行技术动作的过桩速度。

（2）自由式比赛：在规定时间内，在按配乐节奏做基本技术动作基础上自由发挥组合的流畅滑行。

注：两种比赛方式分别有不同的评判规则。

（七）滑板运动

1. 滑板运动简介

滑板运动是极限运动项目的鼻祖，许多极限运动项目均由滑板项目延伸而来。20 世纪 50 年代末 60 年代初由冲浪运动演变而成的滑板运动，在如今已成为流行运动。滑板的主要技巧包括：The Aerial（在滑竿上）、The In-vert（在 U 形台上）、The Ollie（带板起跳），这些技术可说是除了翻板之外最重要的滑板动作。

2. 滑板运动特点

（1）有冲浪运动的特性

滑板运动是一项移植的项目，是冲浪运动在陆地上的延伸，因此仍保留着冲浪运动的某些特性。

（2）融娱乐性与竞技性于一体

滑板运动的目的是在运动中寻找乐趣；滑板者在音乐的伴奏下，驾驭着滑板在不同的场地上完成各种不同的动作或克服各种障碍，体验无穷的乐趣，同时给观看者以美的享受。而比赛又赋予滑板运动一定的竞技性。

（3）实用性

掌握了一定运动技巧后，滑板可作为一种经济实惠且环保的交通工具。

（4）刺激性

滑板运动素有"勇敢者运动"之称，参与者在特定的场地器材上高速滑行，通过越过各种障碍、腾空、翻转等一系列扣人心弦的动作，使参与者和观赏者同时获得"刺激"的体验。

第三节 轮滑术语

前滑：面对滑行方向，向前滑行时，称为前滑。

后滑：背对滑行方向，向后滑行时，称为后滑。

滑足：在地面上滑行的腿和脚，称为滑足。

浮足：在滑行过程中，离开地面的脚及腿部，称为浮足。

刃：轮滑鞋底装有几个小轮子，当人体向内或向外倾斜时，身体重心偏移到轮子的不同部位，我们将不同的部位称为轮子的刃。

平刃：当人体直立，体重均匀分配到每个轮子时，我们把支撑重心或用力的轮子正底部称为平刃。

内刃：当人体向内倾斜时，身体重心偏向轮子的内侧部分（单排轮滑鞋）或两个内侧轮子（双排轮滑鞋），我们把支撑重心或用力的轮子内侧部分（单排轮滑鞋）或两个内侧轮子（双排轮滑鞋）称为内刃。

外刃：当人体向外倾斜时，身体重心偏向轮子的外侧部分（单排轮滑鞋）或两个外侧轮子（双排轮滑鞋），我们把支撑重心或用力的轮子外侧部分（单排轮滑鞋）或两个外侧轮子（双排轮滑鞋）称为外刃。

双平刃滑行：两脚以对称支撑重心的方式，平刃滑行的滑行方法。

双前外刃滑行：两脚以对称支撑重心的方式，用轮子的前部外刃滑行的滑行方法。

双后内刃滑行：两脚以对称支撑重心的方式，用轮子的后部内刃滑行的滑行方法。

双后外刃滑行：两脚以对称支撑重心的方式，用轮子的后部外刃滑行的滑行方法。

左平刃滑行：左腿支撑重心，左脚以平刃滑行的滑行方法。

右平刃滑行：右腿支撑重心，右脚以平刃滑行的滑行方法。

左内刃滑行：左腿支撑重心，左脚以内刃滑行的滑行方法。

右内刃滑行：右腿支撑重心，右脚以内刃滑行的滑行方法。

左外刃滑行：左腿支撑重心，左脚以外刃滑行的滑行方法。

右外刃滑行：右腿支撑重心，右脚以外刃滑行的滑行方法。

左前内刃滑行：左脚支撑重心，左脚以轮子的前部（单排轮滑鞋）或前部轮子（双排轮滑鞋）的内刃滑行、主要支撑或用力的滑行方法。

右前内刃滑行：右脚支撑重心，右脚以轮子蹬的前部（单排轮滑鞋）或前部轮子（双排轮滑鞋）的内刃滑行、主要支撑或用力的滑行方法。

左前外刃滑行：左脚支撑重心，左脚以轮子的前部（单排轮滑鞋）或前部轮子（双排轮滑鞋）的外刃滑行、主要支撑或用力的滑行方法。

右前外刃滑行：右脚支撑重心，右脚以轮子的前部（单排轮滑鞋）或前部轮子（双排轮滑鞋）的外刃滑行、主要支撑或用力的滑行方法。

左后内刃滑行：左脚支撑重心，左脚以轮子的后部（单排轮滑鞋）或后部轮子（双排轮滑鞋）的内刃滑行、主要支撑或用力的滑行方法。

右后内刃滑行：右脚支撑重心，右脚以轮子的后部（单排轮滑鞋）或后部轮子（双排轮滑鞋）的内刃滑行、主要支撑或用力的滑行方法。

左后外刃滑行：左脚支撑重心，左脚以轮子的后部（单排轮滑鞋）或后部轮子（双排轮滑鞋）的外刃滑行、主要支撑或用力的滑行方法。

右后外刃滑行：右脚支撑重心，右脚以轮子的后部（单排轮滑鞋）或后部轮子（双排轮滑鞋）的外刃滑行、主要支撑或用力的滑行方法。

纵轴：在花样滑行的线路中，将两个或两个以上的圆构成的图形，沿圆心连线将图形纵向分为对称半圆的线，称为纵轴。

横轴：在花样滑行的线路中，将两个圆构成的图形，沿两圆相交点与两圆心连线成垂直方向将两圆分开的那条线，称为横轴。

封口：在花样滑行的线路中，两圆或三圆图形的切点处，即纵轴、横轴交叉点处称为封口。

静蹲：轮滑的基础蹲姿，两脚成"外八字"，膝关节微曲，与脚尖成直线垂直于地面，上身向前微倾，身体重心向前方移动。

摔倒保护：在摔倒中利用护具保护使用者不受伤。

抬脚踏步前行：在原地抬脚的基础上，向前抬脚前行。

重心转移：两脚平行开立，比肩稍宽，转移重心，分别将重心置于左、右支撑腿上。

侧蹬：静蹲状态下，将左、右脚分别向左、右侧稍后方向蹬出，另一条腿支撑重心。

侧蹬推步：一脚侧蹬蹬地，向侧蹬的反方向滑出另一脚，收回侧蹬脚。

滑行转弯：在滑行过程中，以倾斜身体来调控身体的左右重心，同时使轮滑鞋与地面形成夹角的方式，向左、向右做不同角度的转弯。

刹车：A 字形刹车、T 字形刹车。

单脚支撑滑行：侧蹬滑行取得相应速度后，由其中一脚单脚支撑继续向前惯性滑行。

画葫芦绕桩：两脚分别画半圆向前，形成整圆，连续做双脚画圆形成画葫芦状绕过障碍物。

双脚 S 形绕桩：双脚滑行轨迹为 S 形，连续绕过障碍物。

第四节　幼儿轮滑内涵

幼儿轮滑是以轮滑为手段，采用游戏的方式促进幼儿全面发展的一项轮滑运动项目。具有较强的趣味性、健身性以及社会性等，且开展幼儿轮滑运动所需条件不高，器材投入少，幼儿易接受，也容易引发幼儿的学习兴趣，只需有平整的大面积的地面、完好的轮滑鞋及护具。

一、幼儿轮滑在我国开展现状

近些年来，南方各大城市开展轮滑进校园活动，学习轮滑的幼儿不断增多，同时也出现了相应问题，导致轮滑运动开课效果不佳。如在轮滑师资方面：轮滑教师数量欠缺，大部分是轮滑的业余玩家，教师培训环节质量不高，且相当一部分没有参加过专业的轮滑教学与训练的培训，对轮滑运动的开展现状更是了解不多。在场地与器材方面：器材不完备，轮滑上课场地少，部分学校是在篮球场地或者水泥空地上课。由于教课内容比较单一没有系统可言，主要以提升幼儿轮滑速度为主，平地花式教学轮滑内容较少，较少学校能开展完整幼儿轮滑课，但课程课时数较少，虽然孩子们热情高、兴趣浓，但是很多幼儿学习程度不深，从而导致多数幼儿园的轮滑课程开设一两年就不再开设。

二、幼儿轮滑的价值

幼儿从学走路时，家长就百般小心，怕孩子摔倒，出于安全问题的考虑，家长们对幼儿参加的一些体育运动甚是担心，害怕孩子会在运动中受伤害，从而大大缩减了幼儿的活动能力及范围。但天性使然，幼儿对一些感兴趣的运动或是运动器械非常好奇，在保障幼儿安全条件下，经常带幼儿参加多种体育运动能及时地开发和锻炼幼儿的早期平衡能力。而轮滑运动是一项娱乐性极强的运动项目，它是在人能够行走的基础上，让身体处于滑动状态，就像是行走在冰面上一样，要时刻保持身体的平衡以至于不让身体摔倒。因此，幼儿经常参加幼儿轮滑运动，就可以让其身体经常处于这种非稳定的状态下，能促进幼儿维持平衡能力的提高，从而促使小脑与前庭功能的发展。

三、幼儿轮滑的作用

幼儿轮滑可以促进幼儿呼吸系统、心脑血管系统机能的改善，增强幼儿的臂、腿、腰、腹等肌肉的力量和身体各个关节的灵活性，同时对增强幼儿身体平衡、支撑能力，具有较好的促进作用，且对于促进幼儿小脑的发育等都有很大的作用。而在轮滑运动中，幼儿需要克服自身与地心的引力达到身体各部位之间的协调，在学习幼儿轮滑过程中，可以增加与他人进行交往的次数与时间，可以锻炼了幼儿的胆量与毅力、自信及自控能力，最终达到培养幼儿优秀品质的目的。

四、幼儿轮滑的优势

(一) 适应幼儿全身性运动

轮滑是具有一定的趣味性、挑战性、欣赏性的运动，更是一种全身性的运动，幼儿更乐于投身其中。在学习轮滑初期，幼儿园可以将轮滑作为一种兴趣运动进行开展，激发幼儿对体育运动的兴趣，使幼儿得到全身性的锻炼，包括运动系统、神经系统和氧运输系统。

(二) 利于激发幼儿运动兴趣

幼儿可进行学习和锻炼的运动项目并不是很多，选择合适的运动会更好地掌握运动项目。在新兴的运动项目中，轮滑是健康的、趣味性的，身体可以得到全面锻炼的项目。轮滑运动本身具有趣味性，只需蹬地滑行的一瞬间，就可以体会到乐趣。如果做到翩翩起舞、随意变换方向、把握速度，就会将自身的学习动机激发出来，兴趣也就变得浓厚，而这种兴趣会是一种稳定的、持续的兴趣。

第五节　幼儿轮滑功能探析

一、促进幼儿生理健康发展

(一) 增强身体协调和平衡能力

轮滑运动对幼儿的平衡能力、柔韧性、应急反应能力和思维都很有益。幼儿的平衡和协调机能主要受神经系统的灵活性、兴奋、抑制转换能力的制约，人体神经系统是发育最早、最快的系统之一，所以在幼儿时期玩轮滑可以及早锻炼中枢神经系统的功能，促进幼儿身体动作协调发展，从而让幼儿终身受益。

(二) 锻炼关节支撑能力和灵活性

轮滑运动对膝关节、踝关节的支撑能力和灵活性有一定要求，特别是在完成支撑、滑行、转弯等动作时，踝关节的支撑能力和灵活性是防止跌倒的关键因素，所以幼儿参加轮滑运动益处颇多。

（三）改善幼儿的神经系统机能

人体各器官、系统的一切活动都是在神经系统的控制、调节下进行的，参加轮滑运动能够改善神经系统对人体机能的调节作用。人体在运动时，心肺、血液循环、呼吸等活动加强，消化系统活动减弱；而当运动停止后，心、肺、血液循环、呼吸等活动减弱，消化系统活动加强，这样使神经系统对内脏器官的调节机能得到改善，促进内脏器官与肌肉运动相适应，提高肌肉的工作能力。经常参加轮滑运动可以促进神经细胞以及细胞中树突和轴突的生长发育，促进神经细胞营养物质的合成与储存，从而提高神经纤维的再生能力。幼儿轮滑运动不仅在速度上有变化，而且旋转的方向、位置等也不断变化，这样对于机体的前庭器官和神经系统产生明显影响，刺激前庭分析器，产生兴奋，同时在肌肉和神经系统的调节之间产生大量的神经冲动，建立大量的条件反射，使神经系统的反应速度及神经系统对肌肉调节的精细度得到改善。经常参加轮滑运动的幼儿反应速度快于一般的幼儿，同时轮滑运动还能提高幼儿前庭分析器的稳定性。

（四）提高幼儿心血管系统机能

经常参加轮滑锻炼，对幼儿心血管的形态、结构和机能都会产生不同程度的促进作用，且能够增强心脏功能。有人曾研究过缺乏锻炼的幼儿和经常锻炼的幼儿心率和心输出量，结果发现后者明显好于前者。经常参加锻炼的幼儿安静时每分钟心跳50~60次，而缺乏锻炼的幼儿每分钟为70~80次。坚持锻炼能影响血管壁的结构，改变血管在器官内的分布；经常参加锻炼，能使心肌收缩力增强，心容量增大；经常参加锻炼对改善机体的造血功能有良好的作用，同时还能提高骨髓的造血能力，以及能够提高红细胞的载氧能力。

（五）改善幼儿呼吸系统机能

经常让幼儿参加轮滑运动，尤其是户外运动能提高呼吸器官的工作能力，使呼吸器官的机能得到改善，并使呼吸肌增强。经常参加锻炼还能形成合理的呼吸方法，一般缺乏锻炼的幼儿因呼吸机能差，肺活量小，呼吸浅而短促，因此呼吸频率比经常锻炼的人高 4~5 次。此外坚持锻炼，还能增强幼儿的呼吸功能，增大肺通气量，增加肺泡参与气体交换的数量，提高对氧的利用率。经常参加锻炼，可以提高呼吸系统的免疫机能，增强呼吸系统及机体对病菌的抵御能力，防止、减少甚至消除幼儿呼吸系统的疾病。

（六）改善幼儿运动系统机能

在滑行时，不仅要保持正确的滑行姿势，有时花样轮滑还要做出各种旋转、跳跃等动作，这要求参与的幼儿具有很好的平衡能力。参加轮滑锻炼对骨骼有较大的刺激作用，可促进骨骼的发育。据调查显示，经常锻炼的幼儿比不经常锻炼的幼儿身高高出 4~8 厘米。参加轮滑锻炼，既可增强关节的稳固性，又可提高关节的灵活性。参加轮滑运动锻炼最明显的改善就是肌肉粗化和肌肉能量物质储备水平提高，肌肉中肌红蛋白含量增加，毛细血管增多，结合氧的能力增强，储存营养物肌糖原增加，使肌肉内物质储存水平提高。

二、促进幼儿社会性发展

（一）有助于激发幼儿参与运动的兴趣

游戏是幼儿的最爱，是幼儿活动的基本，游戏的情节有趣、形式多样化，既符合幼儿的心理、生理特点，又能激发幼儿积极探索和活动的兴趣。轮滑活动具有活泼性、丰富性、生动性、对抗性及竞争性等特点，这些特点可以引导、激发、培养幼儿产生积极的心理倾向，获得心理满足。幼儿对事物的认识首先产生于兴趣，兴趣产生需要，需要引起动机，而动机又决定行为，所以兴趣是决定行为的基础，轮滑所具有的特点正是引起幼儿对轮滑产生兴趣的起点。

（二）有助于培养运动能力，促进幼儿体能的发展

由于幼儿正处在人生的特殊阶段，他们认知、情感、行为等方面的发展，都需要建立在基本的健康之上。因此，幼儿要在今后社会中求得生存并得到发展，首先必须有健康的身体，促进幼儿身体健康地发展是幼儿园的主要任务。幼儿在轮滑活动中可根据自己的运动能力去选择活动内容，并在活动中逐渐发展运动能力。运动能力提高了，活动内容便随之提高。同时通过

游戏掌握和改进基本动作，提高基本动作质量，发展幼儿身体的基本活动能力，促进身体生长发育，发展速度、耐力、力量、灵敏和协调等身体素质，幼儿的运动能力伴随着轮滑活动水平的提高而提高。同时活动中能提高自我保护的基本技能，为养成良好的运动习惯奠定基础。

（三）有助于培养运动感知觉，促进幼儿认知能力的发展

幼儿对事物的认识能力是从感知开始的。轮滑游戏与脑体运动有机结合，不仅动手（滚球、投球、拍球），更重要的是动脑，即使是运球、传球也必须通过观察、判断、思考，不断调整自己的位置，每个球都要通过手眼脑的协调。这种脑体运动有机结合，对保持神经系统的功能有重要作用，必然促进人的思维能力，促进智力发展。在轮滑活动中，幼儿时常有一些新奇的玩法，幼儿的创造力得到了前所未有的开发。运动感知觉表现在轮滑游戏中非常显著。在运球过程中，手和球的运动都处在快速、不断变化的过程中。幼儿要对多个对手和队友给予关注，这意味着他要将注意力分配到不同的动态场面的同时，还要感觉和整合复杂的运动模式，即要具备快速处理信息并迅速做出预判的能力。通过开展幼儿轮滑活动培养了幼儿的创造能力，促进了幼儿的智力发展。

（四）有助于培养良好品质，促进幼儿社会性发展

通过各类轮滑游戏可以让幼儿学会承受失败，轮滑游戏这种挑战性活动可以让幼儿拥有更坚韧的品质，同时可以让幼儿学会遵守规则，这点对于培养幼儿的社会意识很重要。轮滑游戏需要相互合作、相互配合，幼儿在游戏中相互交流，能让孩子更有集体意识和团队精神。

第六节　我国幼儿轮滑开展的现状研究

截至 2022 年 12 月 30 日，通过中国知网查阅文献，以"轮滑"为关键词进行搜索，共 2401 篇；其中关于轮滑运动的有 171 篇，轮滑课的 89 篇，高校的 110 篇，开展现状类的 79 篇，轮滑球的 47 篇，速度轮滑的 115 篇，运动损伤的 47 篇，中小幼儿轮滑的 40 篇，具体研究情况如下：

一、国内轮滑运动发展现状

2005 年在中国苏州举办世界速度轮滑锦标赛，2009 年在中国海宁举办世界速度轮滑锦标赛，2016 年世界速度轮滑锦标赛和 2017 年世界轮滑锦标赛均在南京举行，南京有"国际轮滑之都"的称号。我国在 2016 年成立了中国轮滑协会滑板委员会，将 6 月 6 日确定为中国轮滑日。中国轮滑协会每年会举行一系列的轮滑运动比赛及其相关活动，如亚洲轮滑锦标赛、中国速度轮滑公开系列赛、中国自由式轮滑公开系列赛、中国轮滑球联赛、中国轮滑嘉年华、中国国际轮滑邀请赛、"海峡杯"两岸轮滑交流赛等。

赵付霞（2020）提出菏泽市青少年轮滑运动参与者大部分为男生，进行轮滑运动的时间和频率较高，深受广大青少年的喜爱，可大部分人都不进行护具的佩戴，应加强安全防护方面的指导，对于场地的选择，青少年进行轮滑运动时青睐于小区广场、学校、公园等开阔的场地，专业轮滑场地因距离较远很少被选择，调查结果表明轮滑运动专业指导人员严重缺乏，并且水平参差不齐。建议政府部加强宣传，进行轮滑运动的普及开展，加大安全防范意识的宣传培养，对城区的轮滑场地、器材等体育设施进行经费的投入，开展轮滑指导人员培训，提高整体水平。王伟纲（2020）提出轮滑运动有利于提升幼儿的体能素质，促进身体发育，改善过度瘦小或过度肥胖的现象，而轮滑运动作为一项综合运动，能够很好地促进幼儿的心理健康，有利于推动心理发展，培养自信心和注意力集中的良好习惯，将轮滑运动应用于幼儿体育课程，通过信息化和趣味性的手段让幼儿进行一系列的理论学习，积极调动幼儿参与锻炼，从而保障教学质量，提高体育课的整体质量。加强安全教育，避免不必要的运动损伤。轮滑运动适于小学课堂的教学，教师应保证安全的基础上开展高效率的教学，进而提升幼儿的全面素质，全面进行发展。

李淑杰（2013）选取 20 名 13 岁幼儿，分成实验组和对照组进行为期 8

周的轮滑运动教学和正常体育课的实验，实验后，发现参与轮滑运动教学的幼儿比正常参与体育课的同学从胸围指标到自信心程度都有显著性差异，根据数据结果分析，提出轮滑运动能够较好地促进幼儿胸围的发育，因为进行运动时，上体前倾与下肢形成一定的夹角，对腹部增压，随着膈肌的下降，呼吸阻力增加，长期进行使呼吸肌与肋间外肌逐渐发达，从而胸廓全方位径度增加，促进发育，对身体形态形成良性改善的作用。

刘斯瑶（2017）通过对沈阳市10所公立性质的学校进行调查研究，发现学校领导根据本学校的实际情况设定的教学目标是：培养幼儿学习轮滑的兴趣；了解并且学会轮滑运动的基本技术及战术；同样还包括在社会适应能力方面的培养，养成良好的锻炼习惯以及积极的体育意识，是学校体育的最终目的，但是普遍存在基础设施匮乏的现状，能够有效地利用学校的有限资源，因地制宜地进行轮滑教学与课外活动，满足幼儿们学习轮滑的需求。李迪（2016）对沈阳市7所开展轮滑课程的普通高校进行了调查研究，结果发现：轮滑课程的开展情况不容乐观，开设轮滑课程的主要制约因素是缺乏专业或者是相关专业的教师、器材资源缺乏以及学校领导对于经费、安全等方面的顾虑，忽视了幼儿们对轮滑运动的热情。陈新亚（2012）对浙江省30所学校进行调查，结果发现在浙江省开设轮滑课程和轮滑兴趣活动的学校数量可观，参加轮滑比赛的成绩较好，其中在海宁市有中国最大的室内轮滑场，有良好的群众基础，家长和幼儿都支持轮滑课程的开展，轮滑课程在校园开展的情况也是乐观。李水富（2008）对苏州市15所中学进行调查发现，幼儿参加轮滑运动的意愿强烈，对轮滑的认知态度呈现积极态势。轮滑在苏州市的中幼儿推广力度较大，幼儿们渴望在学校继续参与轮滑运动的学习与练习，因此，轮滑校本课程应运而生，丰富了幼儿们的体育认知路径，提高了幼儿们的体育参与度。广东省在2002年2月率先在国内成立第一个省一级的轮滑协会——广东省轮滑协会，将轮滑作为学校特色体育建设的突出点，成立了轮滑传统体育项目学校。通过以上学者们的研究发现，在全国范围内轮滑运动的开展态势良好，南北方省市开展轮滑运动较为均衡。

综上所述，相比于北方城市，南方城市由于地域差异，对于开展冰雪运动有一定的限制，而轮滑运动能够很好地满足人们对于冰雪运动的参与需求，且轮滑运动与其他新兴运动项目相比，受众人群的年龄段更加丰富，少年儿童、成年人都可以参与。

二、国内轮滑运动发展存在的问题研究

薛志伟、李柏（2018）等学者发现，目前轮滑课程教学中的主要问题有：教师讲解占课堂教学的主要比重，幼儿们参与课堂的形式主要以模仿练习的形式进行，其次在教学模式和内容方面缺乏新意，轮滑专业师资力量相对薄弱，体育教学设施有待完善，单一的教学形式和单调的教学内容，使体育课变成了枯燥乏味的训练课，幼儿进行体育锻炼的热度逐渐消退；在课程考核与评价方面，体育教学的评价过于单一，评价中并没有考虑到幼儿由于遗传因素而产生的身体素质的不同以及后天原因造成的身体素质的个体差异；现有的轮滑器材资源不足，器材老旧，严重影响教学质量；体育教学管理制度有待规范，有关体育管理部门规定的限时开放和收费现象，对没有经济收入来源的幼儿来说，练习的积极性也会受到一定的消极影响。咸春东，张予南（2014）等学者提出，目前北京小学体育课开设轮滑课程最需要解决的问题依次为：安全问题、场地设施问题、师资力量及来源、教学经验等。刘朝宝（2007）在研究中发现，我国学校开展轮滑运动才刚刚起步，最主要问题是缺少比较专业的体育教师，现有教师在教学过程中对于教学方法的选择、教学内容的处理等方面也处在实践探索过程中。秦吉宏（2008）认为：经济、政治、传媒、大众认知与参与、专业人才、竞赛等因素是影响我国轮滑运动现状和未来发展的主要因素。轮滑运动发展过程中的优势、劣势、机会、威胁明显，在一定条件下可相互转化。轮滑运动作为新兴的大众运动项目，由于其独特的技能特点、身体素质要求，对平衡性、灵敏性的要求远远高于其他运动项目，同时，安全隐患系数也随之增加。

同时，由于轮滑项目在国内开展时间较短，课程形式、课程内容、教学方法、师资力量、场地资源等都存在问题，是家长比较关注的主要因素，也是轮滑运动进校园形成完善校本课程过程中待解决的问题。

三、国内幼儿轮滑发展现状

当前关于幼儿轮滑的研究主要集中在轮滑对参与者身心发展的影响、轮滑运动中的损伤预防以及影响轮滑开展的因素等几个方面。

（一）轮滑训练对幼儿身心发展影响的研究

刘乐行（2017）实验研究发现轮滑训练对幼儿的身体素质发展和自我控制能力有明显的促进作用。孔样振（2016），研究发现轮滑运动可以提高幼儿的心肺功能、柔韧性，优化身体成分，促进身高的增长，提高体适能。刘钟扬（2015）研究发现轮滑训练可以提高学龄前儿童控制平衡的能力，促进运动能力的发展。张文才（2015）研究发现轮滑组合运动可以有效提高幼儿的身体机能，促进平衡能力，反应能力、柔韧素质、下肢爆发力以及腰部力量的发展；提高幼儿的自信心和保持良好的心态。于明月（2014）通过研究表明，轮滑运动对幼儿的力量、耐力、灵敏、免疫能力、心理及幼儿的智力发展都有着积极的促进作用。张善斌、王旭、芦燕（2010）研究认为在轮滑训练融入核心力量练习有助于矫正幼儿体型，减少运动损伤，提高轮滑学习的效果，提高运动员运动表现。

（二）幼儿在学习轮滑运动中的损伤与预防的相关研究

幼儿在参与轮滑运动时，出于兴趣和好奇心，容易出现训练时间过长、注意力不集中等情况，造成轮滑姿势保持时间过长，容易出现一定的运动损伤状况。所以，部分学者通过调查研究幼儿轮滑运动中容易出现的问题并提出合理的预防措施。孙浩巍、刘颂（2017）通过调查发现，幼儿在轮滑训练中容易摔倒，造成皮肤的擦伤，而且在上课之前和放学之后这两个时间段发生损伤几率比上课训练过程中要高；运动损伤的主要原因是家长及参训学员对预防运动损伤的意义认识不足、忽视护具保护作用、轮滑装备不合格、幼儿好动注意力不集中等，班额过大、轮滑教学理论滞后和幼儿肥胖也是造成幼儿轮滑运动损伤的原因。李炜（2011）认为，轮滑运动中损伤的预防应该从重视准备活动、关节损伤的预防、选择正规学习场所、选择适宜练习场所、加强自我监督、经常练习和适当休息以及进行保护的专门学习等几方面。

（三）影响轮滑运动开展因素的相关研究

轮滑运动的影响因素不仅来自参与主体（儿童、教练员以及家长）的认知，而且运动装备以及运动场地也是必须考虑的因素。赵威、王剑虹、崔淑辰（2013）主要研究我国轮滑运动发展的影响因素发现，少年儿童进行轮滑运动的制约因素主要有场地因素、教练因素以及幼儿心理三个方面。陈新亚（2012）通过调查发现，师资、经费、安全等是影响轮滑进入课堂的主要问题。

第二章
幼儿轮滑运动安全与防护研究

第一节 轮滑运动损伤概述

伴随经济科学技术不断发展，人们可以通过网络开展各种娱乐活动，很多人对体育运动逐渐失去兴趣，导致现阶段部分人的身体素质较差，无法了解我国的体育运动文化，难以形成体育运动精神，违背了我国现阶段对于体育运动事业发展的要求，而轮滑运动不仅能够加强身体素质，还能够丰富人们精神世界，所以一部分人会选择轮滑运动来锻炼自身的协调性以及柔韧度。但在轮滑运动中难免会发生受伤事件，如果运动损伤处理不及时会对运动者的身体产生一定影响，从而使其对于轮滑运动产生恐惧心理，难以进行开展下一步的轮滑学习，因此，探讨轮滑运动损伤出现的原因、种类、处理措施就显得极为重要。

一、轮滑运动损伤出现的原因

（一）技术不正确

轮滑者在进行轮滑时经常会发生损伤，其主要原因之一是由于轮滑技术不正确，轮滑的初学者由于大脑皮质内的抑制性还未完全确定，其刚接触轮滑运动，过于兴奋，而大脑皮质还未做出抑制反应，导致条件反射较差，从而在轮滑运动中表现出身体较为僵硬，四肢动作不协调，如果在此阶段没有进行专业的轮滑技术指导，将会出现由技术不正确引起的损伤。教师在进行技术指导时没有进行强化训练，在新动作还未曾牢牢掌握时就进行下一项动作的教授，必将导致轮滑运动者难以掌握正确的轮滑技术，从而造成损伤的出现，所以在进行轮滑运动时应加强自身的技术训练，教师也应该加强职业素养，以此来保证轮滑运动者的安全。

（二）自我保护意识不强

轮滑运动者在进行轮滑时由于自我保护意识不强也会导致自身造成损伤，自我保护意识不强也成为轮滑运动引起损伤的重要因素，由于轮滑运动者的自我保护意识不强，在进行轮滑运动发生摔倒事件时难以及时做出反应，导致身体受损。

（三）注意力不集中

注意力不集中是导致轮滑运动者受伤的原因之一，轮滑运动者在接受轮滑运动教育时候往往都很兴奋。导致在进行轮滑运动时难以控制兴奋的情绪，从而导致注意力被分散，而进行错误的滑轮滑动作，如逆行、横穿滑行等，或者在进行轮滑运动时思考别的问题，导致在转弯或者滑行时难以注意到面前的障碍物，从而导致摔倒，轻者会发生小面积的擦伤以及摔伤，严重者会发生骨折，严重影响轮滑运动者的生命安全，因此轮滑者在进行轮滑运动时应集中注意力，避免以上情况的发生。

（四）场地、器材的问题

场地以及运动器材也会导致轮滑运动者受伤。首先，轮滑运动场地要求较高，但目前大部分轮滑场地较小并且没有专业人员进行整理，在轮滑场地中有很多障碍物存在，尤其是在转弯地带有很多隐形的障碍物，使轮滑运动者在轮滑中难以注意，从而导致摔伤。同时，轮滑器材的不规范也是导致轮滑运动者受伤的原因之一，轮滑运动最主要的就是轮滑鞋，目前很多轮滑运动者轮滑鞋并不规范，因此穿着不合适，容易加大轮滑运动者摔伤的概率。所以，在轮滑过程中，轮滑场地应配备专业人员进行实时清扫障碍物，对于轮滑鞋定期检查，发现损坏的及时上报，避免不应出现的安全隐患。

二、轮滑运动中常见的运动损伤种类

（一）肌肉痉挛

在速度轮滑运动中，不同于平常的轮滑运动其对于速度要求较快，因此速度轮滑运动者在进行轮滑时往往会出大量的汗液，同时，在出汗的过程中肌肉会快速地进行连续性收缩，在运动结束后，如果轮滑运动者未曾进行正确的肌肉放松运动，带着大量的汗液饮用冷水或者到阴凉地方消除汗液，但在此过程中肌肉长时间处于炎热的状态，突然受到寒冷的刺激会产生痉挛，从而对肌肉造成一定的伤害，这会让轮滑运动者感受到一定的痛苦，但肌肉痉挛现象及痛苦会在短时间内会消失。

（二）肌肉拉伤

轮滑对于运动技术要求较高，要求轮滑运动者在进行轮滑运动前要进行一定的准备工作，以此来放松肌肉，使其能够在之后的轮滑运动中减轻运动者的压力，但有部分轮滑运动者在参与轮滑运动前未曾进行准备运动就直接开始快速的轮滑运动，在运动过程中身体的肌肉进行猛烈的收缩，如遇到摔倒事件强行运用肌肉的力量进行站立，导致肌肉难以承受突然的力度，从而造成肌肉拉伤，肌肉拉伤带给轮滑运动者的伤害远比肌肉痉挛大，不仅疼痛剧烈，在短时间内还难以消失。

（三）脚踝扭伤

轮滑运动中最常见的就是脚踝扭伤，在进行轮滑运动时大部分运用的都是脚踝的力量，大部分轮滑运动者为追求极致的速度而过度运用脚踝的力量，在运动之前还未曾进行踝关节的准备运动。因此，踝关节难以承受较强的用力，脚踝会出现突然无力的现象，然后使轮滑运动者难以掌握平衡，从而摔倒，在摔倒时反应不及，最容易将踝关节扭伤，不仅会造成轮滑运动者身体上的痛苦，还会使其长时间内不能够再进行剧烈的运动项目。

（四）擦伤挫伤

在轮滑中由于速度过快而初学者难以掌握力度，从而使轮滑运动者产生擦伤挫伤，主要原因是在轮滑过程中速度较快，初学者在进行停止运动时因不能控制过快的速度而导致皮肤受到外力而与物体产生摩擦，或者直接由于钝力原因使身体某个部位撞击到物体或者墙面，从而产生擦伤或挫伤，轻者会感受到轻微疼痛，严重者则会使患处不敢受力，导致无法进行下一步的轮滑运动。

三、轮滑运动发生损伤后的处理措施

（一）擦伤处理

在发生擦伤之后应及时对伤口进行处理，不能够放之不管，避免出现细菌感染现象，主要处理方式是将伤口周围以及伤口内部的污染物清洗出来，保证伤口的清洁，可以使用碘伏或者紫药水进行消毒伤口，以此来预防伤口发生感染；如若在炎热的夏天，应避免伤口被污染，保证伤口的干燥以及清洁，定期用碘伏进行消毒；如果擦伤情况较为严重，应立即就医，避免错过最佳治疗时机。

（二）拉伤处理

由于轮滑对于速度要求较高，大部分轮滑运动者都会过度使用肌肉的力量，从而导致肌肉难以承受而造成肌肉拉伤的后果，在发生肌肉拉伤时应避免继续运动，应寻找安全的地区进行休息。在拉伤二十四小时之内须对伤患处进行冷敷，如果疼痛剧烈应选用活血化瘀的药物进行外敷，如未曾有缓解应该进行加压包扎并且及时就医，保证不会对肌肉造成永久性伤害。同时，轮滑运动者如在肌肉拉伤之后三到四天依旧感觉疼痛的，应该选择热敷，以此来减轻患处的疼痛以及肿胀。

（三）轻度挫伤处理

轮滑运动者在发生轻度挫伤时应将患处制动，并抬高患处，而且要及时进行休息，不要继续轮滑运动，轻度挫伤在短时间内会自行消除水肿，伤口逐渐恢复正常。但运动者发生重度挫伤事件时应该局部外敷对症药物，并且定期更换辅料及其药物，防止用过的辅料污染伤口，如出现低烧症状应该口服抗生素或者消炎药，应对运动者在服药期间进行严密观察，一旦出现过敏反应以及休克现象要及时送往医院，如果长时间内挫伤没有好转应该及时就医，以避免引起不必要的危险。

（四）骨折、关节脱位处理

骨折或者关节脱位现象是轮滑运动较为严重的损伤，运动者应及时进行紧急性处理，对轮滑运动者发生骨折或者关节脱位的部位进行保护，如发生骨折则运用就近物品进行简单的固定，保护患处不受伤害。同时，及时联系医生并向医生说明骨折的情况，以保证运动者能够接受快速的治疗，避免出现难以挽回的后果。

综上所述，轮滑运动在一定程度上能够提升运动者的身体素质以及身体协调性，但在运动过程中不能够掌握正确的方法以及注意力不集中会发生一些损伤事件，对于其损伤部位应及时进行处理，避免出现无法挽回的损伤，以此来保证轮滑运动能够获得长远的发展。

第二节　幼儿轮滑损伤产生的原因探究

一、幼儿轮滑损伤产生的原因

（一）自我保护意识不强

因幼儿知识储备有限，导致幼儿自身对于轮滑运动认知不全面，无法正确看待此项运动项目，自我并保护意识不强，大部分损伤原因都是不够重视而导致，由于自我保护意识不强，在进行轮滑运动时会加大受伤概率，特别是在进行轮滑转弯动作时，由于幼儿自我保护意识不强，在转弯时不会注意旁边是否有障碍物，会发生可以避免的损伤现象，幼儿因摔倒较多也会失去对于轮滑运动的兴趣，从而影响轮滑教学的效果，同时，也不利于幼儿锻炼身体素质，因此应加强培养幼儿的自我保护意识，使轮滑教育事业能够蓬勃发展。

（二）技巧不当，姿势转换，重心转移不熟练易造成伤害

起始动作未做完整，如向前滑行而脚未收回，造成拉伤。有些孩子在自己稍微具备基础后，就去做高难度动作，这就容易造成背部受伤。例如腾空

转身，这个动作主要是靠背肌及腹肌的力量拉住，手脚仅是辅助，若背肌、腹肌协调性不佳则容易跌倒或受伤。肌肉过度用力易造成肌肉及肌腱发炎。训练时间过长腿骨长期受压力，造成疲劳性骨折。儿童骨骼正在发育，训练时间过久，容易影响骨骼生长，造成身高过矮。年龄造成滑轮运动伤害的原因，也因年龄段不同而不同。10岁以下护具最齐全且速度普遍不快，受伤比例较低，但因为是新手，容易因跌倒造成软组织伤害。

二、不同类型摔倒引起的损伤

（一）依据幼儿在轮滑运动中摔倒的部位不同，将出现不同类型的损伤

具体如下：

上肢：因摔倒时，上肢直接受力着地，亦造成关节扭伤、脱臼、骨折，如手腕关节、肘关节、上臂和肩关节的损伤。

下肢：由于身体重心控制不稳，重心无法落在支撑腿上，造成两脚外掰坐地，膝关节扭伤（由于轮滑鞋鞋腰，踝关节一般不易受伤）。

头部：由于初学者滑行时，身体重心控制不好，经常出现向后摔倒的现象，造成头部后侧着地，出现脑震荡、脑血肿病症。

颈部：因头部撞击而产生扭伤。

躯干：易造成尾骨骨折。由于滑行中身体后仰，尾椎直接撞击地面或障碍物，造成骨折，虽没造成大的伤害，如治疗不当将影响大小便的控制功能。

（二）非摔倒引起的运动损伤

由于技术动作不当，造成的损伤：起始动作未完成，造成重心无法移到支撑腿上，从而造成拉伤（如大腿肌肉、大腿内侧筋腱拉伤等）；初学者，由于基本姿势转换或重心转移不熟练，从而造成各种损伤；有一定基础的练习者，由于追求更高难动作，易造成背部损伤（如腾空转身，主要是靠背肌及腹肌的力量拉转，手脚只起到辅助的作用、若背肌、腹肌力量差、协调性不好，极易摔倒或受伤）；过度用力，肌肉过度用力易造成肌肉及肌腱发炎。

第三节　幼儿轮滑损伤处理与防范

一、幼儿轮滑损伤的处理

轮滑运动是一项激烈的体育活动，由于准备活动不充分或由于技术原因、身体因素或场地、器材等方面的原因，容易出现运动损伤。因此，幼儿在参加轮滑运动过程中，要重视对运动损伤的预防，活动前要做好准备活动，加强易受伤部位的锻炼和保护，教师应对场地器材和设备进行仔细检查，减少幼儿的运动损伤的发生。

擦伤：指的是幼儿皮肤的表皮擦伤。如果擦伤的部位比较浅，那么只需要涂红药水即可或者喷一点云南白药即可，如擦伤创面较脏或有渗血时，应用生理盐水清洗后再涂上红药水或紫药水或云南白药。

肌肉拉伤：指的是肌肉纤维撕裂而导致的损伤。主要是由于运动过度或者热身不足造成的，可根据疼痛程度和受伤的轻重，一旦出现痛感应立即停止运动，并在痛点敷上冰块或冷毛巾，保持 30 分钟，以使小血管收缩，减少局部充血、水肿。切忌搓揉及热敷。

挫伤：由于身体局部受到钝器打击而引起的组织损伤。轻度损伤不需特殊处理，经冷敷处理 24 小时后可用活血化瘀药剂，局部可用伤湿止痛膏贴上，在伤后第一天予以冷敷，第二天热敷。约一周后可吸收消失。

脱臼：即骨关节脱位。一旦发生脱臼，应嘱咐病人保持情绪稳定、不要活动，更不可揉搓脱臼部位。如脱臼部位在肩部，可把患者肘部弯成直角，再用三角巾把前臂和肘部托起，挂在颈上，再用一条宽带缠过脑部，在对侧脑作结。如脱臼部位在髋部，则应立即让病人躺在软卧上送往医院。

骨折：常见骨折分为两种，一种是皮肤不破，没有伤口，断骨不与外界相通，称为闭合性骨折；另一种是骨头的尖端穿过皮肤，有伤口与外界相通，称为开放性骨折。对开放性骨折，不可用手回纳，以免引起骨髓炎，应用消毒纱布对伤口进行初步包扎、止血后，再用平木板固定送医院处理。骨折后肢体不稳定，容易移动，会加重损伤和剧烈疼痛，可找木板、塑料板等将肢体骨折部位的上下两个关节固定起来。如一时找不到外固定的材料，骨折在上肢者，可将肘关节固定于躯干上，骨折在下肢者，可伸直腿足，固定于对侧的肢体上。怀疑脊柱有骨折者，需卧在门板或担架上，躯干四周用衣服、被单等垫好，不致移动，不能抬伤者头部，这样会引起伤者脊髓损伤或发生截瘫。

二、幼儿轮滑损伤的防护

据全球儿童安全网络统计，在美国，每年有超过 4 万的儿童因轮滑运动受伤。就损伤类型来讲，幼儿轮滑运动中的常见损伤可分为扭伤、擦伤、拉伤、划伤、挫伤、关节脱臼和骨折等。其中发生频率位于前三位的依次是擦伤、扭伤和挫伤，而轮滑运动者们最担心的严重骨折，在实际运动中较少发生。就损伤部位来讲，国外权威部门调查显示，在轮滑运动中，最常见的损伤部位是手腕、脸和下巴位置，其次才是下肢和脚踝位置，而发生在运动者肘部、膝盖、头部和身体其他部位的损伤则较少，因此，在进行幼儿轮滑过程中，可以从以下几个方面进行防护：

（一）加强自我保护意识

幼儿的自我保护意识不强是轮滑运动受伤的主要原因之一，因此，教师在指导轮滑课程之前，应加强培养幼儿的自我保护意识，在轮滑实践操作前进行保护意识的传输，将受伤的危害讲解清楚，所以进行轮滑教学时，教师应该着重提示幼儿在碰到紧急情况时如何正确面对。例如，在因为失去平衡将要摔倒时应该使腰部以及颈部肌肉保持紧绷状态，减少身体撞击地面时造成的伤害。失去平衡时也可以利用腰部力量顺势纠正体态，避免摔倒，多注意保护尾骨。在轮滑时应该尽量压低身体，以此来保持自身平衡，让幼儿在学习轮滑时加强自我保护意识。使幼儿能够清楚地认识到保护意识不强会导致身体受伤，从而能够加强对自身的保护意识，以此来使幼儿再进行轮滑运动时能够减小受伤的概率。

（二）准备活动的必要性

轮滑教学中重要的组成部分就是轮滑运动前的准备运动，教师应该对幼儿进行准备运动重要性的知识传输，使幼儿能够对于准备活动有充分的认识。同时，轮滑教师应该亲自指导幼儿的准备运动的动作，使幼儿能够掌握正确的动作，从而进行专业的准备运动，在进行轮滑运动时能够减小受伤的概率，以此来保障幼儿的安全，使其在进行轮滑运动时能够体会到其中的乐趣，从而产生体育精神，能够达到我国对于体育教学的要求。具体可以从以下方面进行：

首先，做好准备活动，让身体适应运动需要能极大地减少运动损伤的发生，尤其是手腕和下肢各关节及韧带，活动的部位有颈部关节、背部伸展、腰部伸展、胸部伸展、拉大腿筋腱、拉小腿肌肉、活动踝腕关节。体温升高会让肌肉韧带伸展充分、柔韧有力，身体更加灵巧自如，使受伤的概率大大减小。

其次，要穿齐护具，保护身体易受伤部位。一般来说，轮滑的整套装备包括头盔、护肘、护膝、护掌，最好购买专业厂家的护具，它在防震和坚固性、舒适性上更有保障。在西方许多国家，不带护具去轮滑是要受到处罚的。运动前要检查好轮滑鞋的螺丝是否牢固，鞋带或环扣是否系好，以免滑行时因轮滑鞋出问题而受伤。

再次，做好场地及周围环境的检查工作，避免在有水、油及充满杂物或不平的路面滑行，如有裂缝处要及时修补。前者会降低轮滑鞋的寿命，同时也容易造成侧滑；后者由于快速滑行很容易绊倒摔伤。

最后，适当控制运动时间，不能过于疲劳。正处在生长发育阶段的幼儿不宜玩轮滑时间过长，过度劳累会影响身体的正常发育。少年儿童和老年人每天进行轮滑的时间，最好在 50 分钟以内。

（三）摔跤的分类

1. 前摔

第一部分：迅速降低身体重心，以膝、肘、掌依次着地，利用护具向前滑行缓冲。

第二部分：十指张开翘起不可握拳，掌心朝下。抬头防止面部受伤。避免单腿单臂支撑，尽量用双腿双臂支撑。

2. 侧摔

第一部分：迅速降低身体重心，以膝、髋、肘、掌依次着地。

第二部分：十指张开翘起不可握拳，掌心朝下。抬头防止面部受伤。

3. 后摔

第一部分：迅速降低身体重心，十指张开掌心朝下，指尖朝前稍向两侧，肘关节微屈，手掌先着地向两侧滑出缓冲，而后臀、肘、背依次着地，上体弯曲不可伸展，后脑抬起避免着地受伤。

4. 翻滚摔

第一部分：失去平衡后，主动随势屈膝，降低重心，以膝盖着地。膝部着地时，主动弯腰团身。

第二部分：随团身动作，主动以手掌轻撑地。在往侧向翻滚的过程中，注意收膝、低头、抱胸、团身。

三、幼儿轮滑损伤的预防

（一）做好准备活动

在运动前进行准备活动可以大大降低运动损伤的发生概率，在轮滑教学中，教师可以组织幼儿在运动前先进行跑步热身，调动身体的机能，然后再通过一些伸展运动或者是其他的运动进行身体各个关节的运动，提升幼儿身体机能的灵活度。当幼儿在轮滑运动前有过充分的运动后，就可以以更好的状态学习轮滑技能和知识，提升幼儿轮滑运动的安全系数。

（二）重视防护设施

在学校中进行轮滑教学，首先要做到的是设施健全。对于轮滑运动来说，幼儿的基础设施和安全措施必须要配备全面，轮滑鞋、头盔、护具等都是最基础的防护设施和用具。这些设施和用具可以为幼儿提供保护，减少幼儿在轮滑运动中发生损伤，从而提升教学效率，使更多的幼儿关注到轮滑教学并对它产生喜爱，最终推动学校轮滑运动的发展。

（三）保持专注

轮滑运动具有很强的机动性，对幼儿的专注力是具有一定要求的，假如幼儿在运动的时候不够专注，那么发生损伤的概率会大大增加。因此，教师在进行教学的时候，应当对专注给轮滑带来的影响进行重点阐述，严格禁止幼儿在运动的同时干别的事。除此之外，幼儿还应当一直保持正确的轮滑动作，不应该养成错误的习惯，为未来的运动埋下隐患。

（四）提升保护意识

学校在进行轮滑教学时要把安全问题放在首位，提升幼儿的自我保护意识，通过教学，要让幼儿充分地认识到自我保护的重要性，降低幼儿的风险，使幼儿可以以健康的方式学习轮滑运动。

（五）学习正确的摔倒方法

在轮滑运动教学中，教师应该指导幼儿学会正确的摔倒方式，使其在发生摔倒时能够将身体的损伤程度降到最低。轮滑教师要指导幼儿在摔倒时尽量保持冷静，努力将自身的膝盖先行着地，之后是手肘，最后是手掌，以此来减少身体与地面的接触面积。在摔倒的时候避免身体部位直接与地面接触而产生严重的身体损伤，在向前摔倒时应将头部向后仰，向后摔倒时应将头部向前仰，尽量避免伤害到头部。

（六）适当休息和练习

首先，轮滑教学要遵循循序渐进的原则，要有科学合理的教学规划，对于轮滑初学者来说，他们的脚踝、膝关节等部位很容易产生疲劳感，所以要适当安排练习和休息的时间，要让他们疲累的关节和肌肉得到充分放松。其次，在日常准备训练中，需要加强对易受伤部位的训练，以提高这些部位的机能，并且还需要重视准备训练环节，对身体韧带做充分的拉伸，避免运动中关节的损伤。

（七）遵循合理的教学流程

对于轮滑老师而言，在进行轮滑教学前，需要对具体的轮滑教学安排制定一个细致、完整的方案，遵循循序渐进的教学方式，让幼儿能够在学习的过程中充分感受到轮滑本身的体育性和乐趣性，而不要为了尽早地结束课程教学而提早地进入下一阶段的学习任务中，这种方式过多地强调课程的进度而忽视幼儿本身在实际学习轮滑过程中可能碰到的一系列问题。

(八) 加强轮滑场地及其器材管理

在进行轮滑运动时，应该对轮滑场地进行检查，避免场地中有坑洼现象，要保证轮滑场地的视野开阔，注意转弯的地方是否有障碍物，以此来降低幼儿进行轮滑运动时的受伤概率。同时，对于轮滑教学用的设施进行定期检查，避免出现损坏的轮滑设施，对于不合格或者损坏的轮滑设施及时更换，要在轮滑运动教学中保证幼儿的身体安全，从而进行下一步的轮滑教学。

第三章
幼儿身心发展特征研究

第一节　幼儿的心理发展特征概述

　　幼儿心理发展特征是指幼儿在每个年龄阶段中形成并表现出来的一般的、典型的、本质的心理特征。婴儿期以无意注意为主，如鲜艳的色彩、较大的声音等强烈的刺激都能成为幼儿无意注意的对象，幼儿在 3~4 岁、4~5 岁和 5~6 岁三个不同年龄时期，有各自不同的心理发展特点与表现。随着年龄增长、活动范围扩大及动作语言的发展，幼儿的有意注意逐渐增多。但幼儿和学前年龄期的儿童仍以无意注意为主，5~6 岁后才能较好地控制其注意力，集中时间逐渐延长。

一、3~4 岁幼儿的心理发展特征概述

　　3~4 岁是幼儿的初期阶段，也是幼儿园小班的年龄。该阶段幼儿从和家人接触的小范围，扩大到有更多老师、同伴，生活范围的扩大，引起幼儿心理上的很多变化，使幼儿的认知能力、生活能力以及人际交往能力得到了迅速发展。幼儿的认识活动往往依靠动作和行动来进行；情绪很不稳定，很容易受外界环境的影响；模仿性很强，模仿是他们的主要学习方式，通过模仿他人来掌握和学习别人的经验，但这时的模仿学习往往从兴趣出发，无意注意占主导地位，注意力持续时间短、易分散，对成人的依赖性很大。

二、4~5 岁幼儿的心理发展特征概述

　　4~5 岁是幼儿的中期阶段，也是幼儿园中班的年龄。该阶段幼儿活泼好动，主要表现为能动、能说、能跑，活动量大，对什么都感到好奇、新鲜，思维活跃，但自我控制能力还不强，所以，这个时期的孩子表现为活动积极性高，时刻处于活动状态；具体形象思维是该年龄段幼儿的主要特点，主要依靠头脑中的表象进行形象的、具体的思维活动，从听故事到理解事物、从掌握数概念到解决问题等；能够在日常生活中遵守一定的行为规范和生活规则，如不在室内大喊大叫、追跑，不乱扔东西等。幼儿通过建立常规意识，不仅有利于幼儿合作游戏的开展和游戏水平的提高，也有助于幼儿社会性的发展，在进行集体活动时，能初步遵守集体活动规则，如认真听别人讲话、不随便插嘴、发言举手等规则；能够理解和遵守游戏规则，能够自己组织游戏、自己确定游戏主题。因此，中班幼儿的活动内容和活动目标都可以在幼儿的参与下共同制定，能够自己分工，安排角色，合作水平也开始提高；在共同游戏下逐渐开始结成一定的同伴关系，初步学习与他人相处。

三、5~6 岁幼儿的心理发展特征概述

　　5~6 岁是幼儿的后期阶段，也是幼儿园大班的年龄。该阶段幼儿好奇心很强但不再满足于了解表面现象，而是想要知道事物的原因；有强烈的求知欲和认识事物的兴趣；认知水平有了很大的提高，非常喜欢智力活动，而且还具有较强的坚持性，好问好学是这个时期幼儿非常明显的特征；思维仍然是具体而形象的，但是初步的抽象逻辑思维也开始萌芽，已能够对事物进行分类，能对事物的关系作出判断并正确排出顺序；能初步掌握一些抽象的概念，如"困难""勇敢""上""下""左""右"等；能初步理解一些数概念，如知道"2"的实际含义；出现有意地自觉控制和调节自我心理活动的方法，在观察、注意、记忆、想象等认知活动中有自己的看法，并在解决问题的思维过程中懂得初步运用方法解决问题；对事物有了自己比较稳定的态度；在情绪上也能够克制自己，也开始对自己的行为进行思考，有时对自

己的行为产生顾虑。此时幼儿的个性已经开始形成，但仍处于初步形成阶段，其可塑性还相当大，环境和教育都对其发展产生极大的作用。

第二节 幼儿的生理特征概述

幼儿的生长和发育是两个不同的概念。生长是指身体各器官、系统的长大和形态的变化，是量的改变；发育是指细胞、组织和器官的分化完善与功能上的成熟，是质的改变。两者密切相关，生长是发育的物质基础，而发育成熟状况又反映在生长的量的变化上。人的体型、体力和健康奠定的关键时期正是 1~6 岁。在诸多影响体质健康、增进形体发育、提高身体素质和健全身心的后天因素中，体育锻炼活动起着至关重要的作用。幼儿的体重、围度指标、身体机能和素质指标受后天体育锻炼的影响程度最大，其可塑性在 50%~70% 之间。通过双生子研究的调查表明：积极参加体育锻炼和不参加体育锻炼的比较之下，他们之间的生长发育水平和体质状况有明显的差异性，爱好运动的比不参加体力活动的身高、体重、肺活量都有明显的提高。

一、幼儿生长发育的连续性和阶段性

幼儿的生长发育是一个连续过程，由不同的发育阶段组成。从受精卵到人的发育成熟，量变和质变经常同时在进行着，但是各有一定的缓急阶段，当由不显著的、细小的量变到显著的质变时，即形成发育的不同阶段，如婴儿期、幼儿期、童年期、青春期和青年期。每一阶段都有区别于其他阶段的特点，前后阶段又相互衔接，前一阶段为后一阶段的发展打下基础，任何一个阶段的发育受到障碍都会对后一阶段的发育产生不良影响。幼儿身体的各个系统和器官的生长发育从不平衡向平衡发展。

二、幼儿生长发育的不均衡性

从胎儿到成人，人一生中有两次生长的高峰期，整个生长期内个体的生长速度有时快、有时慢，生长发育速度曲线呈波浪形，具有不均衡性。先后出现两次生长突增高峰：第一次从胎儿 4 个月至出生后 1 年。第二次发生在青春发育早期，一般女孩比男孩早两年左右，女孩生长发育的突增期为10～12 岁，男孩生长发育的突增期为 12～14 岁，各个器官系统的发育也不均衡，例如神经系统最先发育成熟，神经细胞于 8 岁左右即告分化成熟，而生殖系统发育最晚，一直要到儿童期末尾。

三、幼儿生长发育的顺序性

幼儿各器官功能的生长发育遵循由上到下、由近到远、由粗到细、由低级到高级、由简单到复杂的特定顺序。例如婴儿出生后先抬头，后挺胸，再会坐、立、行（由上到下）；先会控制手的活动（由近到远）；先会全掌抓握物品，再发展到手指捏取（由粗到细）；先会画直线，进而能画图、图形（由简单到复杂）；先会看、听和感觉事物，再发展到记忆、思维、分析和判断（由低级到高级）。

四、幼儿生长发育的相互关联性

神经系统和外界环境的相互作用影响着整个幼儿的生长发育过程，各个系统的生长发育彼此密切相联。如进行适宜的体育锻炼能促进儿童骨骼肌肉的发育，同时也能促进其心脏和呼吸器官机能的成熟，并有利于神经系统的发育。另外，幼儿身体和心理的发育也是密切联系的。一切生理的发育是心理发育的基础，而心理发育也同样影响着生理功能。比如，情绪会影响生理机能的正常发挥，而生理上的缺陷又可引起心理上的不正常发展。

五、幼儿生长发育的个体差异性

在正常的个体之间，生长发育存在着很大的差异，通常反映在生长速度、性别和成熟类型等方面。在个体之间，生长速度上的差异明显地反映在生长发育的各项指标上。以每年体重的增加幅度为例，在早期个体差异可能并不大，随着年龄的增加可能出现离散现象。据我国有关儿童体格发育的调查资料，儿童的体重、身高、胸围、头围、坐高、臀围等各项发育指标的平均测量值，无论是城市或农村，都是男性儿童大于女性儿童。这种差异在儿童早期很小，随年龄的增长而渐趋明显。同年龄儿童的发育和成熟程度不尽相同，有的儿童较早地发育成熟，有的儿童则较晚地发育成熟。

第三节　幼儿生长发育的敏感期概述

一、幼儿敏感期的内涵

幼儿敏感期是指幼儿在连续相接的短暂时间里，会有某种强烈的自然行为。在这期间内，对某一种知识或技巧非常敏感。敏感期的出现使孩子对环境中的某个层面有强烈的兴趣，几乎掩盖了其他层面，并且在这期间孩子会出现大量的、有意识性的活动。在敏感期内施教，能迅速提高孩子心智的发展。敏感期很短暂，并且在这特定的敏感期中，孩子只对一种特定的知识或技能感兴趣，然后经过这个时期就会消失，不会再出现在同一个时期对相同的兴趣点有同样强烈的兴趣敏感期，所以要有相应的活动来培养他们，使得这种能力真正地发展起来。

二、幼儿敏感期的教养重点

敏感期是自然赋予幼儿的生命助力，如果在敏感期的内在要求受到妨碍而无法发展，就会丧失学习的最佳时机，日后若想再学习此项事物，不仅要付出更大的心力和时间，成果亦不彰。而如何运用这个动力，帮助孩子更完美地成长，可通过以下几点建议，去进行思索。

（1）尊重孩子：让孩子成为一个有能力学习的个体。循着自然的成长法则，不断使自己成长为（更有能力）的个体。

（2）细心观察敏感期的出现：每个孩子敏感期的出现时间并不相同，

因此成人必须以客观的态度，细心观察孩子的内在需要和个别特质。

（3）布置丰富的学习环境：当成人观察到孩子某种敏感期出现时，应尽力为孩子准备一个满足他成长需要的环境。

（4）鼓励孩子自由探索、勇敢尝试：当孩子获得了尊重与信赖后，就会在环境中自由探索尝试。

（5）适时协助而不干涉：当孩子热衷于某一事物时，大人（应放手让孩子自己做）避免干预。不过，并非完全不顾，而是适时予以协调、指导。

三、幼儿敏感期及特点概述

（一）光感的敏感期（0～3个月）

刚出生的宝宝对光感非常敏感，这时宝宝需要适应白天和晚上的光线差异，所以白天要拉开窗帘，晚上要关灯睡觉，让宝宝适应自然的光线变化。建议给宝宝多看黑白图片！父母应多花点心思让婴儿四周的环境充满美丽的色彩，在床铺四周挂些美丽的图画，摆些色彩明亮的玩具、盆栽等加以装饰。

（二）味觉的敏感期（4～7个月）

宝宝的口腔可以感觉到甜、咸、酸等味觉。添加辅食的开始一定要注意饮食的清单，保护好宝宝味觉的敏感程度。一周岁以下的孩子不能吃的食物有纯奶、酸奶、蜂蜜、蛋清等，少油少盐为主。

（三）口腔的敏感期（4～12个月）

这时宝宝喜欢吃手，从1根手指到整个拳头都有可能塞进嘴里。他在用嘴进行尝试、用口嘴感觉并认识事物，甚至会以此认知一些抽象的概念。请妈妈们给宝宝口腔发育的机会，让宝宝吃个够，不要无情地把宝宝的手从他嘴里拿开。如果这时过度参与阻止，宝宝的口腔发育会因没有得到充分满足而有所缺失，甚至长大会有咬指甲的坏毛病。

（四）手和手臂的敏感期（5～14个月）

喜欢抓东西和扔东西！用手探索环境，认识世界。手的敏感期到来时，有一个循序渐进的过程：大把抓，一指抠，二指捏，三指拧四指的运用，五指的配合。手臂的敏感期到来时，有一个扔的过程，手和手臂的活动不只是简单的动作，而是有着智性的目标。手部越灵活，证明大脑控制力越强，则说明宝宝越聪明。建议看护者不要管制宝宝这个行为，尽量增强婴儿用手抓东西的能力，让他可以用手握住或触摸接触各种不同的东西，如丝绸、皮毛、棉布、缎子、海绵等。

（五） 对细微事物感兴趣的敏感期（4~5岁）

忙碌的大人常会忽略周围环境中的微小事物，但是孩子却常能捕捉到其中的奥秘。他常常会做出一些我们不理解的细小动作，比如捏起一片掉落的叶子不停地往花盆里插，或是摆弄着花手绢怎么看也不烦，我们不明白的他们却能从中看到更多的奥秘。此时期正是我们培养孩子对事物学会观察入微的好时机带着疑问和想法去认知世界。

（六） 语言敏感期（0~6岁）

婴儿开始注视大人说话的嘴形，并发出牙牙学语声时，就开始了他的语言敏感期。学习语言对成人来说是件困难的工程，但幼儿能容易地学会母语，正因为幼儿具有自然所赋予的语言敏感力。因此，若孩子在两岁左右还迟迟不开口说话时，应带孩子至医院检查是否有先天障碍。语言能力影响孩子的表达能力，因此，父母应经常和孩子说话、讲故事，或多用"反问"的方式，加强孩子的表达能力，为日后的人际关系奠定良好基础。语言的发展和社会交往能力的发展有着千丝万缕的关系。语言敏感期的发展有三个阶段：8~10个月的婴儿理解语言意义的敏感期、12~18个月的口头语言的敏感期、24个月的语言爆发期。

语言发展迟缓的原因一般有以下几点：

（1）听觉不足；

（2）语言环境建立不完善；

（3）爬行不足；

（4）以吃流食和软食为主。

改善方法：

（1）建立良好的语言环境：让孩子有机会说话；表达完整的句子；形

成对答和反问模式；语言环境统一。

（2）练习基础发音。

（3）建立孩子的朋友圈

（七）秩序敏感期（2~4岁）

孩子需要一个有秩序的环境来帮助他认识事物、熟悉环境。当他所熟悉的环境消失，就会令他无所适从。蒙特梭利在观察中，发现孩子会因无法适应环境而害怕、哭泣，甚至大发脾气。因而确定"对秩序的要求"是幼儿极为明显的一种敏感力。幼儿的秩序敏感力常表现在对顺序性、生活习惯、所有物的要求上，蒙特梭利认为如果成人未能提供一个有序的环境，孩子便"没有一个基础以建立起对各种关系的知觉"。当孩子从环境里逐步建立起内在秩序时，智能也因而逐步建构。

（八）行为习惯敏感期（0~3岁）

0~3岁是宝宝形成行为习惯的关键期，也是宝宝出现第一个逆反心理的时期，此时是宝宝模仿能力敏感期，喜欢模仿大人的行为习惯和动作，开始有自己的意志，知道自己想要什么，不再一味地听从大人的命令。此时家长一定要起到表率作用，培养良好的饮食、睡眠、卫生等好的习惯，鼓励宝宝树立克服困难的信心。

（九）自我意识的敏感期（1岁6个月~3岁）

区分我的和你的、我和你的界限。主要表现：从开始说"我的"到开始说"不"到开始打人、咬人、再到模仿他人，渐渐地孩子们有了自我意识，这时的孩子出现得最多的现象是划分我的，以便清除你的，同时通过说"不"使用自我的意志的感觉，如果发生不符合他心思的事情就会大哭大闹，孩子们的表现是完全以自我为中心。当孩子打人咬人的时候，我们只需制止孩子的行为，对孩子来说，"打Ｓ你"只是排除的意思，不要去谴责，也不要去说教，因为那和粗野的行为是不同的，我们就让孩子不违反规则的情况下使用他的自我吧。（注意事项：不要和孩子较劲，这是一个孩子形成自我地过程）自我意识是所有敏感期中最重要的一个敏感期，因为我们将来要成为什么样的人，我们未来是不是很强大，是否具备一个强大的能力首先就来自自我意识的形成的敏感期。

（十）社会规范敏感期（2.5~4 岁）

开始喜欢结交朋友，喜欢参与群体活动，这就说明孩子进入了社会规范的敏感期。社会规范敏感期的教养有助于孩子学会遵守社会规则、生活规范，以及日常礼节，抓住时机教养，有利于将来遵守社会规范，拥有自律的生活，和他人轻松交往。建议和更多的孩子接触。一般 2 岁半的孩子家长就可以准备入园了，幼儿园可以提供良好的交友环境。

（十一）空间敏感期（2~4 岁）

喜欢垒高高、三维、钻箱子等，建议可以多提供类似的玩具，同时可以在这个机会学习各种几何图形，对日后学习几何学奠定兴趣基础。

（十二）色彩敏感期（3~4 岁）

开始对色彩产生感觉和认识，开始在生活中不断寻找不同的色彩。人类认知的发展正是从感觉训练开始的。给孩子提供多彩的颜料，及相关书籍，如绘本《中华德育故事》为日后绘画兴趣奠定基础。

（十三）逻辑思维敏感期（3~4 岁）

不断追问"为什么？""为什么会下雨？""小朋友为什么要上幼儿园？"等等。这些问题总是让家长感到应接不暇，可是孩子却不管不顾地打破砂锅问到底。当我们一次一次地给孩子解答时，孩子开始出现了逻辑思维。孩子正是通过这样一问一答，在认识客观世界的同时也发展了思维能力。保护好孩子这份珍贵的好奇心，如果家长不能回答的问题，可以和孩子一起学习，这时家里有一套百科全书是非常重要的，因为这时认知的速度是事半功倍的。

（十四）剪、贴、涂等动手敏感期（3~4 岁）

孩子从这时开始真正有意识地使用工具，这是大多数孩子构建思维培养的最好机会。无论在教室里还是家里，只要有充分的材料，孩子们都非常乐意选择剪、贴、涂等这些工作。从身体发展的角度来看，这也是孩子训练小手肌肉和手眼协调的一项重要工作。家长要做的，就是给孩子提供所需的材料，并尽量不要打扰专心工作的孩子。

（十五）藏、占有敏感期（3~4岁）

开始强烈地感觉占有、支配自己所属物的快乐。孩子只有在完全地拥有物并可以自由支配时，才可能去探索物背后的精神，才可能超越于对物的占有。而当这些物品的所有权完全属于孩子自己时，交换就开始了。与此同时，也就拉开了人际关系的序幕。给孩子提供一个独立的空间，比如一个属于孩子自己的房间或者区域。在你进入他的房间或者区域时，一定要征得孩子的同意，尊重孩子的空间。

（十六）执拗的敏感期（3~4岁）

同自我意识的敏感期一样，这个敏感期对家长比较有挑战性。3岁至4岁的幼儿进入执拗的敏感期，有些孩子在快3岁就提前进入这一敏感期。表现为事事得依他的想法和意图去办，否则情绪就会产生剧烈变化，发脾气，哭，闹。这时家长和老师要给孩子足够的耐心和关照，也要学会一些安抚的技巧。幼儿执拗的敏感期，可能来源于秩序感。在建构秩序感这一特殊品质时，幼儿的过分需求常常被认为是"任性"和"胡闹"，但我们觉得，用"执拗"这一概念来得更准确一些。幼儿在这一时期常常难以变通，有时会到难以理喻的地步。我们并不知道它的真正原因，但我们确切知道，幼儿的心理活动一定是有秩序的，当他没有超越这种秩序时，就会严格地执行它。解决幼儿的执拗问题，一是要理解，二是要变通，三是要成功。理解不是特别难，但变通需要智慧和技巧，只有变通得好，才能成功解决问题，才有随之而来的快乐。怎样掌握变通的技巧是我们一直研究的课题。要注意的是幼儿对秩序的要求起初并未达到执拗的程度，一开始他会不安、哭闹，随着自我的逐渐形成，他将这一秩序上升到意识层面，才开始变得执拗、不妥协。

（十七）追求完美的敏感期（3.5~4.5岁）

孩子做事情要求完美，端水时洒出一滴就很痛苦；吃的苹果上不能有斑点。接着又上升到对规则的要求：我遵守规则你也必须遵守，人人都要遵守；香蕉皮必须扔到垃圾桶里，没有垃圾桶就必须拿着，此时依然是尊重孩子，增强孩子的审美能力，孩子的问题不要扩大化，在什么时间只针对什么事。

（十八）诅咒的敏感期（3~5岁）

"臭屁股蛋""屎巴巴""打你"，这些听上去既不文明又有些可怕的言辞，总是出自这个年龄段孩子的嘴里。因为孩子在这时发现语言是有力量的，而最能表现力量的话语就是诅咒，而且成人反应越强烈，孩子就越喜欢说。家长的做法是忽略、淡化，不要在意孩子的语言，这并不是他真的想表达的，慢慢等待这个阶段过去。

（十九）打听出生敏感期（3~5岁）

孩子往往在这个时期开始询问自己从何处来，并且一遍又一遍地问。成人的回答不能有一丝的马虎，因为这是孩子安全感最早的来源。建议家长们认真地拿出百科全书，将生命形成的全部过程科学地讲给孩子听。

（二十）人际关系敏感期（2~4岁）

从一对一交换玩具和食物开始，到寻找相同情趣的伙伴并开始相互依恋，从和许多小朋友玩到只和一两个小朋友交往，孩子自己经历了人际交往的全过程，而这种交往智能是与生俱来的。家长可以给一些人际关系相处方法的引导，不过身教大于言传。

（二十一）婚姻敏感期（2~5岁）

在人际关系敏感期后，孩子便真正展开了婚姻的敏感期，最早的时候孩子会想要和爸爸、妈妈"结婚"。之后，他们就会"爱上"自己的老师或者其他的成人。一直到5岁左右，他们才会"爱上"一个小伙伴，比如只给自己喜欢的孩子分享好吃的东西，而且经常在一起玩，产生矛盾时也不愿意让其他人干预，等等。总之，他们想拥有属于自己的空间。建议无论孩子想结多少次婚，喜欢多少朋友，家长都一定要给孩子自由的空间。

（二十二）审美敏感期（2.5~7岁）

审美是对自己的形象有了自己的愿望和审美标准尤其女孩子对自己的衣着和服饰产生起浓厚兴趣。孩子到了审美敏感期时总是喜欢化妆。当然，在成人眼里这些"妆"化得很离谱，但是这些女孩子们总是热情不减，并且总在所有人面前走来走去展示，直到得到你的夸奖之后，她们才会带着满足的神情离开，转身又会到别的老师面前展示。除了化妆，女孩子还喜欢漂亮的裙子和鞋子，并且要按照自己的想法穿着和打扮。在这个时候，孩子需要的是成人的肯定。此时，我们无需对美做任何评判。

（二十三）身份确认敏感期（4~5岁）

孩子们会给自己一个又一个身份。这种现象是因为孩子开始崇拜某一偶像，希望自己就是那个偶像。在幼儿园里，经常有穿着白雪公主服装的小朋友，你必须叫她白雪公主她才答应你。孩子在这个身份确认的过程中，我们可以观察到他们开始透过自己的偶像来表达自己。家长可以在家里进行角色扮演游戏，孩子会很感兴趣。

（二十四）性别敏感期（4~5岁）

大概4岁时的孩子最重视的就是谁是男孩谁是女孩。如果有人去洗手间，他们一定要跟着去，原因是想观察到底是男孩还是女孩。孩子对身体的探索和认识来自于观察，成人在给孩子解释时，态度必须客观和科学，就如同认识自己的眼睛、鼻子、嘴一样。

（二十五）数学概念敏感期（2.5~5岁）

孩子到了2.5岁时，总是喜欢问：这是几个，现在是几点，有几个人？这是因为孩子对数名、数量、数字产生了浓厚的兴趣但是这时的孩子还不能完全理解逻辑，他们只是能够将数名、数字数量配上对。这是孩子数学智能的最初发展，而只有三位一体地掌握，才算掌握了数的概念。这时可以让孩子帮助家里买一些日用品，通过花钱锻炼数字能力及经济能力。

（二十六）认字敏感期（5~7岁）

这是孩子第一次接触符号，我们的方法是给孩子一些文字卡片，让孩子把动作和看到的文字配合起来去学习文字在这个阶段，孩子只能宏观地认识文字，也就是一个整体的形象，还不能够分解字的笔画，也达不到书写。孩子也会对自己熟悉的某些文字感兴趣，比如他们会发现自己名字里的字在别的地方出现。

（二十七）绘画和音乐敏感期（1.5~4岁）

这是人生来就有的智能。绘画是孩子最会使用的一种语言，他们从涂鸦开始一直到可以表达自己的感受，整个的过程都是一种自然的展现。而孩子在妈妈的肚子里就开始了听觉的发展，一岁多的孩子就能够跟着音乐的节奏扭动自己的身体，音乐是人类的语言，孩子天生就具有最高级的艺术欣赏能力。在这个敏感期的发展上，我们只要能够给孩子提供一个高品质的环境就可以帮助孩子的发展。

（二十八）延续婚姻敏感期（3~5岁）

5岁以后的这个敏感期是前一个婚姻敏感期的延续。这个时候的孩子选择伙伴的倾向性非常明显，并且知道了一些简单的婚姻规则，比如只有相爱的人才能结婚等。

（二十九）社会性兴趣发展的敏感期（3~7岁）

孩子0~6岁的发展是一个人宏观发展的微观缩影，他们开始积极地了解自己和他人的基本权利，喜欢遵守和共同建立规则，形成合作意识。比如选举班长，实现自我管理，监督上课的时候谁没有进教室，吃饭前谁没有洗手，哪个孩子没有遵守幼儿园的规则……这些都是他们十分关心的事情。可以让孩子多参加一些社会活动，包括公益性的活动，比如：捡垃圾活动、自己做手工义卖捐助活动等，培养社会责任感的良好时机。

（三十）数学逻辑的敏感期（3~7岁）

数学逻辑的敏感期和数学概念的敏感期是有区别的。孩子们在完成了对数字、数名、数量的认识之后，开始对数的序列、概念以及概念间的关系产生兴趣。比如通过蒙特梭利的数学教具让孩子学习加减乘除法，这种方法学习的是数学的逻辑而不是简单的记忆。

（三十一）文化敏感期（3~6岁）

幼儿对文化学习的兴趣，起于3岁，出现想探究事物奥秘的强烈需求。因此，这时期孩子的心智就像一块肥沃的土地，准备接受大量的文化播种。家长可在此时提供丰富的文化资讯，以本土文化为基础，延展至关怀世界的大胸怀。

第四节　幼儿发育过程中的行为表现

此份幼儿发展行为表现为幼儿的大略发展过程，提供父母参考，若仅有几个月差距，未必是发展迟缓，尤其语言、社会性及身边处理项目，与环境的教导有很大的关系。

码：英美制长度单位，一码等于 0.9144 米。

吋："英寸"的旧称，英美制长度单位，一英尺的十二分之一。

呎："英尺"的旧称，英美制长度单位，一尺为十二英寸，约合中国市尺九寸一分四厘。

表 3 - 1　一~十二个月

月龄	粗动作	精细动作	语言	人际社会关系
1~2个月	俯卧时头稍可抬起；俯卧时头抬起 45 度；抱起头竖直 2 秒。	触碰掌心紧握拳、会反射性抓住放入手中之物；拨浪鼓留握 2~3 秒。	听到声音会转头、用眼找声源；发出细柔喉音、各种无意义声音。	注意别人的脸；逗引时会微笑；立刻注意大玩具；眼睛跟踪走动的人、随物可转动 90 度以上。
3~4个月	俯卧时头抬起 90 度；协助坐起时头可固定；侧躺。	双手可移在胸前接触；可将手抓住的物品送入嘴巴；拨浪鼓留握 30 秒。	发出 a/o/e 等牙牙学语声；笑出声音；偶尔模仿大人的声调。	认亲人；会自动对人笑；会注意其他孩子的存在；眼睛跟踪红球 180 度。
5~6个月	拉小孩坐起，会稍用力配合，头不会后仰；仰卧翻身到俯卧，完全会翻身；坐着用双手可支撑 30 秒。	见食物兴奋，自己拿饼干吃；两手各可抓紧小物品；手会去玩弄系在玩具上的线；会敲打玩具；拿住方木，注视另一块；抓住距手 2.5 厘米的玩具；会撕纸。	会因高兴而尖叫；开始出现元音ㄚㄨ。	对人或物发声；会躲猫猫；叫名字回转头；玩具失落会寻找。

（续表）

月龄	粗动作	精细动作	语言	人际社会关系
7~8个月	肚子贴地式爬行；抱起会在大人腿上乱跳；坐得很好，独坐自如10分钟以上；双膝爬行；双手扶物站5秒以上。	坐着时手会各拿一块积木，试取第三块；会将积木由一手移到另一手；手像耙子一样抓东西，如葡萄干、黄豆；有意识地摇铃。	正确转向声源；发出da-da'ma-ma声；注意听熟悉声音；模仿咳嗽或弄舌。	对镜中人拍打亲吻；会设法取较远处的玩具；会玩躲猫猫；懂成人面部表情。
9~10个月	扶东西可维持站的姿势；可前进后退爬行；扶东西边缘会移步；站着时会想办法坐下。	以拇指合并四指钳物；以食指碰触或推东西；拍手；双手各拿一块积木相互敲打；拿掉扣积木的杯子玩积木。	会随着大人的手或眼神注视某样东西；模仿大人说话；对叫自己名字有反应；模仿1~2个字音；听名称找到人或物3种。	看到陌生人会哭；会抓住汤匙；可拉下头上的帽子；用动作表示"不要"；会欢迎、再见。
11~12个月	独立站逐步过渡到10秒；拉着一手可以走；单独走几步；蹲着可以站起来。	会把小东西放入杯子或容器中；以拇指和食指尖拿东西；打开包积木的纸；将口朝上的瓶盖盖在瓶上。	会挥手表示再见；知道别人的名字；有意识地叫爸爸、妈妈；以摇头、点头表示要或不要。	用手指出要去的地方或东西；不会流口水；会和其他的小孩一起玩；穿衣知道配合。

表3-2　十三~二十一个月

月龄	粗动作	精细动作	语言表达	语言理解	社会及认知	身边处理
13~14个月	可维持跪姿；会侧行数步；走得很稳，会转身。	一只手同时捡起两个小东西；可重叠两块积木；可将瓶中物品倒出。	会模仿听过的声音；会用一些单字。	知道大部分物品的名称；熟悉且位置固定的东西不见了，会找。	坚持要自己吃东西；会模仿成人简单的动作，如：打人、抱哄洋娃娃。	会用拇指脱袜子；尝试自己穿鞋（不一定能穿好）。

（续表）

月龄	粗动作	精细动作	语言表达	语言理解	社会及认知	身边处理
15~16个月	可独自由趴着而手扶地站起来；随着音乐做简单跳舞的动作；扶着栏杆可以上下三层楼梯。	会打开盒盖；自动拿笔乱涂；已固定较喜欢用哪一边的手；做翻书动作2次；倒出透明瓶中小丸。	会说十个单字；会说一些两个字的名词。	在要求下，会指出熟悉的东西；会遵从简单的指示；指出身体3个部位。	睡觉时要抱心爱的玩具；出去散步时，能注意路上各种东西。	自己拿杯子喝水；自己用汤匙进食（会洒出）。
17~19个月	自己坐上婴儿椅；扶着可以单脚站立；一脚站立，另一脚踢球；举手过肩扔球1米远。	可以叠三块积木；模仿画直线；可认出圆形并放入模型上。	会哼哼唱唱；至少会用十个单字。	了解一般动作，如：亲亲、抱抱。	被欺侮时，会设法抵抗或还手。	会表示尿片湿了或便便了；午睡不尿床。
20~21个月	能弯腰捡东西不跌倒；手心朝上抛球；由蹲姿不扶物站起。	模仿折纸动作；会上玩具发条；模仿画直线或圆形线条；积木叠高7~8块；玻璃丝穿过扣眼0.5厘米。	会说谢谢；会用言语要求别人做什么；说3~5字的句子。	回答一般问话，如：那是什么？；了解动词+名词的句子，如：丢球。	对其他孩子会表示同情或安慰。	会区分东西可不可以吃；会打开糖果包装纸。

表 3-3　二十二~三十六个月

月龄	粗动作	精细动作	语言表达	语言理解	社会及认知	身边处理
22~24个月	自己单独上、下椅子；原地双脚离地跳跃；脚着地方式，带动三轮车。	球丢给他，他会去捕捉；可一页一页翻厚书3页以上；叠高六~七块积木；穿扣后拉过线。	会重复句子的最后两个字；会讲50个词汇；说出3种物品的用途；说两句以上儿歌。	知道玩伴的名字；认得出电视上常见之物。	帮忙做一些简单的家务事；会咒骂玩伴、玩具。	脱下来未扣扣子的外套；会用语言或姿势表示要尿尿或大便。
25~27个月	用整个脚掌跑步并可避开障碍物；可以倒退走10呎；不扶物，单脚站1秒以上；不扶栏上楼三阶以上。	模仿画横线；可一样用3块积木排直线；可一页一页翻书。	懂得简单数量（多、少），所有权（谁的），地点（里面、外面）等观念；稍微有一点「过去」的观念；说8~10个字的句子。	了解"上""下""里面""旁边"等位置观念；知道在什么场合通常做什么事。	会去帮助别人；会和其他孩子合作；做一件事或造一个东西；认识大小。	在帮忙下，会用肥皂洗手并擦干；会脱单衣或单裤。
28~30个月	双脚跳跃一段距离；向前翻跟斗；单脚可以跳跃两次以上。	叠高8块积木；会用打蛋器；玩黏土时，会给自己的成品命名；玻璃丝穿扣子3~5个；无把杯来回2次倒水不洒。	会问"谁""哪里""做什么"等句子；会用"这个""那个"等冠词；说出10种图片名称。	知道"明天"意味不是"现在"；会回答"谁在做什么"的问句。	对幼小的孩子会保护；会告状；认识红色。	白天可控制大小便；会拉下裤子，准备大小便。

（续表）

月龄	粗动作	精细动作	语言表达	语言理解	社会及认知	身边处理
31～36个月	一脚一阶上下楼梯；单脚可平衡站立；会骑小三轮车；会过肩投球；立定跳远20厘米。	模仿画圆形封口无角；用小剪刀（不一定剪得好）；方积木搭高10块；折纸一折边角整齐；会扣扣子。	会正确使用"我们""你们""他们"；会用"什么""怎么会""如果""因为""但是"等词句。	会回答有关位置、所有权及数量的问话；会接熟悉的语句或故事；知冷、累、饿怎么办。	会找借口以逃避责罚；自己能去邻居小朋友家玩；说出自己的性别。	自行大小便；能解开一个或一个以上之钮扣；会穿鞋（不要求分左右）。

第四章
身心健康发展视域下幼儿轮滑内涵研究

第一节　3~4 岁幼儿轮滑内涵研究

　　小班轮滑教学主要是以"安全第一"的宗旨贯穿整个学年的幼儿轮滑教学，幼儿园的小班幼儿年龄小、自我保护能力差。为此，应树立"安全第一"的观念，加强幼儿轮滑教学中的护理，做好安全防范工作。让幼儿在轮滑学习中感到快乐、安全，是小班轮滑教学的宗旨。具体可以从以下方面进行体现：

一、加强热身运动

　　每次轮滑教学前，教师要带领小朋友做好热身运动，针对轮滑运动特点，重点做好脚踝、膝盖、大腿关节与腰部的热身，避免轮滑过程中碰伤、扭伤这些部位。

二、检查轮滑装备

　　每次轮滑教学前，教师要带领小朋友一起对轮滑鞋进行检查，确认轮滑鞋完好方可进行教学。教师要逐一为每个小朋友穿戴好护具、头盔等防护装备，并检查鞋带是否绑好。同时让小朋友们形成习惯，记住这些动作是每次玩轮滑前必须做的。

三、学习安全知识

在调动小朋友的学习兴趣后，要趁热打铁，给小朋友进行安全知识教育，让他们了解到什么是不能做的，怎么样才是安全的，既保护自己更不伤害别人。课后教师根据小朋友的表现进行总结，让小朋友说说自己为什么摔倒和摔倒后怎样处理，大家互相学习、讨论，树立安全意识，养成良好习惯。

四、熟悉 3~4 岁幼儿轮滑动作发展

1. 具有一定的平衡能力，动作协调、灵敏

（1）能沿地面直线或较矮的低矮物体上滑行一段距离。

（2）能双脚灵活地滑行一段距离。

（3）滑行过程中，能够躲避他人的碰撞。

（4）能够完成一些基本滑行动作。

2. 具有一定的力量和耐力

（1）能连续滑行 15 分钟。

（2）能快速滑行 100 米左右。

（3）能滑行 1000 米左右（途中可适当停歇）。

五、3~4 岁幼儿轮滑游戏内容

小班（3~4 岁）幼儿体力较弱，身体各项基本运动技能较差，在平衡、力量和灵敏性等方面的能力发展都比较慢。这个年龄段幼儿思维具有具体形象性、模仿能力强等特点，还难以理解多数轮滑游戏的规则和要求，在器材使用上也比较笨拙。因此，小班幼儿轮滑游戏内容主要以认识轮滑器材、轮滑基本站立以及轮滑游戏为主，主要选择感知运动类游戏，以增强小班幼儿对轮滑运动的兴趣为主要目的，在促进小班幼儿身体动作发展的过程中引导其参与轮滑活动。

第二节 4~5岁幼儿轮滑内涵研究

4~5岁幼儿轮滑教学活动内容的组织应考虑幼儿的学习方式和特点，注重综合性、趣味性，寓教育于生活、游戏之中。从幼儿的年龄特点出发，实施情境化的游戏式教学，让幼儿在轮滑中感受到快乐，变枯燥的学动作为玩游戏，有助于促进他们轮滑技能的提高。具体可从以下几个方面体现：

一、改变原本轮滑动作名称，利用常用语言促进幼儿接受

轮滑动作有系列学名，这些名字对于幼儿来说生硬且不易记忆。为此，在中班轮滑教学活动中，可尝试和孩子一起赋予动作形象的新名称。比如在教踏步时，让幼儿观察这个动作像什么动物。孩子们各抒己见，有的说像鸭子，有的说像熊，讨论后可引导孩子共同认可步伐像企鹅。于是，系列创意的名称就可孕育而生："踏步动作"变成"企鹅步""三步滑行"变成"骑自行车""刹车"变成是在"等红灯""蹲溜"则变成了"过山洞"……这些形象的名字，便于幼儿记忆，同时也让他们非常喜欢。

二、设置游戏情境，快乐学习轮滑

改编以往的反复练习模式，设置游戏情境，让幼儿在游戏化的情境中快乐学习。如在教"刹车"动作时，由于个别孩子腿部力量不大，总刹不住，可设置去"公园"的路线，如果刹不住的话就会掉进公园的池塘里。反复去练习，孩子们自然而然地就接受了动作。

三、创编儿歌，掌握基本技巧

我们把轮滑动作技巧编成形象生动、朗朗上口、容易记忆的儿歌，加深小朋友对基本动作技巧的掌握。如：穿好鞋子与护具，八字踏步重心移；学着企鹅晃身体，不知不觉溜出去。小朋友通过小企鹅的形象将轮滑技巧记得更牢固，

动作做起来也更娴熟。

四、中班幼儿轮滑动作发展

1. 具有一定的平衡能力，动作协调、灵敏

（1）能在地面直线或较矮的低矮物体上平稳地滑行一段距离。

（2）能双脚灵活交替地滑行一段距离。

（3）滑行过程中，能与他人玩追逐的游戏。

（4）能够较熟悉地完成一些基本滑行动作。

2. 具有一定的力量和耐力

（1）能连续滑行 20 分钟。

（2）能快速滑行 150 米左右。

（3）能滑行 1500 米左右（途中可适当停歇）。

第三节　5~6 岁幼儿轮滑内涵研究

5~6 岁轮滑教学内容是围绕轮滑游戏活动的内容与形式，在"玩中学"游戏理论的支撑下，在实践中探索方法，打破轮滑活动模式化的倾向，借鉴和引入先进教育方法理念，建立一种幼儿轮滑游戏活动教学新机制，充分发挥轮滑游戏活动教学的内在价值。5~6 岁幼儿轮滑教学采用多样游戏活动组织形式如主题串联、故事表演、挑战困难、自创情境，以游戏为载体，结合"五大领域"为幼儿搭建快乐轮滑的平台。

一、以游戏为载体，引发幼儿对轮滑的兴趣

在游戏中促进幼儿掌握轮滑基本技能的训练，可分为无鞋类训练游戏和有鞋类训练游戏两种。

1. 无鞋类训练游戏

在穿轮滑鞋之前以游戏的形式帮助幼儿增强体能，其目的是为有鞋类训练

游戏热身。

2. 有鞋类训练游戏

让幼儿穿上轮滑鞋以游戏的形式进行轮滑运动基本动作的训练。

二、结合"五大领域",丰富幼儿轮滑体育游戏内涵

1. 基于健康发展的幼儿轮滑游戏

在轮滑学习活动中,有意识地对幼儿进行安全教育,可促使幼儿初步掌握安全知识,又养成一定的自我保护意识。如:提醒孩子摔倒时应争取降低重心,抱头、团身,使双臂首先着地,尽量避免直臂单手撑地,以免摔伤脸、手腕等部位,把损伤降到最低程度。同时,还要引导幼儿在集体滑动时,在同伴之间要避免碰撞,学会躲闪,掌握躲避危险的运动技巧。由于幼儿对轮滑活动有着浓厚兴趣,所以他们愿意自己动手穿轮滑鞋、戴护具,养成在活动前认真检查用具安全的习惯。

2. 基于社会发展的幼儿轮滑游戏

幼儿知识的习得是通过社会经验、与人交往和互帮互助得来的,游戏可以为幼儿创造这样的条件。幼儿在游戏中不断学习,不断成长。在游戏活动中幼儿的社会交往能力将得到很大提高。

3. 基于语言发展的幼儿轮滑游戏

为了在幼儿轮滑游戏活动中丰富幼儿的语言,我们可根据幼儿年龄阶段的语言特征,5~6岁的幼儿对于朗朗上口、节奏押韵的儿歌式语言更感兴趣,设计了一些生动易记的顺口溜,帮助他们理解、记忆并实施于训练之中。如向前滑行的动作口诀:"弯腰抬头屁股翘,身体先向右边倒,左边小脚准备好,膝盖先弯后蹬直,我的轮子向前滑,再向左边倒一倒,右脚用力向前滑,左右交替别忘掉,我的本领最棒!"再比如弯道的动作口诀:"看见转弯别心慌,靠里的小手背后放,甩手蹬腿留点劲,直线脚形要记牢。"在轮滑游戏活动中,创编儿歌。带领幼儿边学轮滑边唱儿歌,轮滑和语言共同发展。

4. 基于艺术发展的幼儿轮滑游戏

在幼儿轮滑游戏活动中,将时尚流行、活泼欢快、富有童趣的音乐与幼儿

轮滑游戏开展的顺序进行编配，用音乐来串联整个游戏情节，孩子们可以听着音乐从出场热身直至轮滑游戏结束。我们会很惊喜地看到，孩子们不仅会对轮滑带来的好处有较深的了解，而且还会创编各种各样的舞蹈动作和小游戏。

5. 基于科学发展的幼儿轮滑游戏

科学活动首先要精心呵护和培育幼儿对周围现象的好奇心和探索欲望，因为这会使幼儿永远保持探究和学习的热情，从而获得终身积极主动学习的动力机制，促使幼儿在认识轮滑鞋的基础上接受轮滑、喜欢轮滑。

(三) 5～6 岁幼儿轮滑动作发展

1. 具有一定的平衡能力，动作协调、灵敏

（1）能在斜坡和有一定间隔的物体上较平稳地滑行一段距离。

（2）在一定速度的滑行过程中，能够较平稳地滑行一段距离。

（3）滑行过程中，能与他人玩躲闪的游戏。

（4）能够挑战一些难度较高的基本滑行动作。

2. 具有一定的力量和耐力

（1）能连续滑行 25 分钟。

（2）能快速滑行 200 米左右。

（3）能滑行 2000 米左右（途中可适当停歇）。

第五章
幼儿轮滑开展策略研究

第一节　幼儿轮滑价值研究

　　爱玩是幼儿的天性，老师需要引导幼儿安全、健康、开心地玩，同时在玩中增强幼儿体质、促进幼儿的身心发展，这是幼儿体育活动需要思考的方向。体育运动能给孩子带来不一样的感觉，而轮滑，无疑是一项充满乐趣的运动项目。对孩子来说，轮滑的娱乐性比学习更多，是在享受着速度带来的乐趣，而学习轮滑可以提高孩子的身体素质，提高心肺功能、平衡能力、身体协调性、反应速度以及准确性。

一、幼儿轮滑益处探析

　　第一，学习轮滑可提高孩子的身体素质；大部分孩子是从三四岁开始学习轮滑。轮滑练习可以提高孩子心肺功能、灵敏度、平衡能力以及身体协调性。据报道，有的孩子以前经常感冒，但练了两三年轮滑后体质明显改善，很少生病了。

　　第二，学习轮滑能提升幼儿自我管理的能力；幼儿对轮滑活动浓厚的兴趣，使他们愿意自己动手穿轮滑鞋、戴护具，通过多次反复练习，促使幼儿进一步掌握了左右概念，甚至能学会系鞋带，以及把东西放在指定的地方等自我管理的能力。

第三，提高孩子的抗挫折能力；轮滑的学习过程就是"跌跌撞撞" + "磕磕绊绊"，孩子们都是温室中的花朵，坚持训练的过程，就是培养孩子坚持不放弃的过程，就是提高抗挫折能力的过程。

二、游戏在幼儿轮滑中的地位探析

游戏是孩子最基本的活动，而幼儿园的体育活动更应适合孩子的学习规律。轮滑的趣味性不仅仅是追求速度，在轮滑游戏中更是有着挑战性与竞技性，潜移默化中增强着幼儿的身体平衡能力与身体协调性。轮滑运动是一项难度系数较高，危险系数较大的运动项目，在进行学习和练习之前，如果幼儿的生理、心理准备不充分，很容易引起心理障碍，甚至是产生运动伤害。教师在进行教学时，应仔细分析幼儿心理，了解幼儿产生心理障碍的成因，并根据实际教学情况采取针对性的措施以解决或缓解，增强幼儿心理素质，完善幼儿心理品质，最大程度消除因心理障碍而导致体育教学受到影响的可能性。这样不仅能够确保滑轮教学的有序进行，还能锻炼幼儿胆量，激发幼儿学习积极性，促进教学质量的提高，实现教学相长。

第二节 幼儿轮滑教学中幼儿心理障碍产生的原因及处理

一、产生的原因

（一）幼儿方面的原因

因轮滑运动项目自身带有独特的专业性，在练习时需要幼儿具备较好的身体素质和运动能力，这也是幼儿参与此项运动容易产生心理障碍的主要原因，具体可以从以下几个方面进行分析：

首先，幼儿对自身身体素质没有正确的认识和估量。大多数的幼儿平时都缺乏运动，都认为自身身体素质较差，不能应对较高难度的体育动作和技能，在学习时没有勇气大胆尝试，加上害怕在尝试新动作时会失败丢脸，进而畏惧轮滑练习。

其次，由于轮滑运动危险性和难度都较高，在掌握轮滑技巧之前肯定会经历多次的失败和摔跤，那些在轮滑训练中受过伤的幼儿，会担心下次练习时也会受到同样的伤害，因此初次尝试后便不敢再次练习。

最后，过度紧张也是导致幼儿产生心理障碍的主要原因。很多幼儿在进行轮滑训练开始之前，会观察周边幼儿的练习情况，看到其他幼儿摔跤后会心生恐惧，担心自己也会完成不好动作，幼儿在身体和心理都十分紧张的状态下进行练习，会直接导致动作僵硬呆板不协调。我国幼儿园体育教学活动大多是采取集体课的形式进行，教师无法全方位地顾及到每一个幼儿，幼儿在练习时，必须及时采取措施自我缓解和克制紧张害怕的心理，如若长期处于此种状态，就无法掌握技巧和要领，会降低学习兴趣和信心，丧失学习积极性。

（二）教师方面的原因

在幼儿轮滑教学中幼儿会产生心理障碍，教师的教学和引导也是重要原因之一。调查显示，很多教师在教授轮滑的动作技巧时，往往只是向幼儿演示整套动作，没有深刻剖析复杂动作，更没有正确且清晰地凸显教学重点和教学难点。因此，幼儿不能清楚了解动作的核心，无法精准掌握轮滑动作的技能技巧。同时，在教学中，教师没有准确测试和分析幼儿身体素质之间的差异性，无法从幼儿实际情况出发合理安排授课内容。此外，在教学时，教师的教学方法过于单一，往往只是单纯地采取直接灌输法进行教学，如此不但不能激发幼儿的学习兴趣，反而会适得其反，导致幼儿厌学。最后，教师很多时候都不经意地打破了幼儿之间一律平等的原则，对多次教导还是无法掌握要领的幼儿，教师会表现出不耐烦的情绪，甚至是责骂批评幼儿，并将这些差生当作反面教材，严重伤害幼儿自尊心。这些均会影响幼儿对轮滑的兴趣，并产生心理障碍。

（三）轮滑运动的特殊性以及教学环境影响

一方面，轮滑学习难度大，即使幼儿在课堂认真听讲，也无法在很短的时间内将动作要领运用自如，幼儿在学习时受挫，很容易降低幼儿兴趣。除此之外，教师不注重教材和教学方法的合理运用，也必然会导致幼儿产生心理障碍。另一方面，轮滑的学习对环境具有一定要求，实际教学时，很多学校都没有设置专门的轮滑教学场地，大多是安排幼儿在空旷处或是无人的篮球场进行练习，而且大多数的学校并没有备齐护膝、头盔等安全设备，无法防护幼儿在学习时产生运动事故，这也是导致幼儿产生心理障碍的重要原因之一。

（四）忽视理论教学的重要性

在幼儿轮滑教学课堂上都是在教师简单讲解安全知识后，通过教师示范几遍，然后让幼儿自己练习。幼儿在练习轮滑时并不了解基础知识和动作原理，对轮滑运动的理解较为浅薄。教师在教学时没有融入生理学、生物力学、解剖学等相关学科的知识，幼儿在不了解理论知识的前提下进行练习，无法正确理解站立、停止、转弯、起步滑行等动作的用力原理，只能盲目地模仿和摸索，很容易产生练习瓶颈，并造成心理障碍。

二、幼儿轮滑教学中幼儿心理障碍的处理对策

（一）强化幼儿的身体素质和运动能力

强化幼儿的身体素质，提升幼儿的运动能力是体育课程的基本要求，也是消除幼儿心理障碍的基本条件。轮滑运动很容易造成关节损伤，在实际教学之前，教师在组织幼儿进行综合性的练习后，还应组织幼儿加强身体准备，多进行腿部、脚踝关节等易受损部位的热身练习。同时，测试幼儿对基本知识、技能技巧的掌握程度，并指出不足，有针对性地提出解决方法，由易到难、循序渐进地提高幼儿的运动能力。对难度较大的动作练习，首先要确保幼儿已经进行充足的基础技能训练，以避免幼儿不切实际，在自身身体素质不具备的情况下冒险尝试。

（二）重视训练幼儿的心理素质

提升幼儿运动信心在对幼儿进行轮滑教学的过程中，教师应多对幼儿进行心理暗示，鼓励幼儿大胆尝试，调动他们完成好动作的勇气和信心，呼吁幼儿之间相互分析和帮助，让不同水平和层次的幼儿配合训练，帮助幼儿实现自我比较和自我反省，进而产生进步和完善动作的欲望。除此之外，有针对性的向幼儿讲解心理学知识，分析幼儿在练习轮滑时的常见心理，缓解幼

儿的紧张情绪，并进行相应的训练，帮助幼儿了解动作之间的差距。例如，教师可以在教授基本动作后，给幼儿一定的时间练习，练习过程中，对有问题的幼儿，教师可以帮助幼儿回忆所学，然后将自身动作与教师动作进行对比，更加细致地了解幼儿错误，进而改正错误，以更好地控制动作和肢体，以此提升幼儿信心。同时，培养幼儿骨干，让他们去帮助和带动其他同学，在相互交流和学习中取得进步。

（三）优化教学氛围和教学方法

在课堂上营造一种轻松、良好的学习氛围，一定程度上能够减轻幼儿在练习时产生的恐惧、紧张、不安等心理。教师在进行教学时，教师用语要准确、形象、有趣、生动，吸引幼儿的注意力，培养幼儿的专注力。可以运用一些幽默的语言和故事转变以往严肃单调的课堂氛围，适当活跃气氛，让幼儿在轻松的学习过程中突破自我，提升自信心。同时，多用眼神、语言鼓励和表扬幼儿，多采用引导的方式进行教学，培养幼儿自主学习的能力。在幼儿动作失败时，尽量少批评，帮助幼儿分析原因，及时纠正，消除和分散学习紧张感，激发幼儿潜能，鼓励幼儿克服困难，正确运用所学动作，以此避免他们产生消极、厌学的心理。对那些自身运动条件比较好的幼儿，要适当表扬，增强他们的成就感和满足感，并在表扬的同时，教导他们要戒骄戒躁，鼓励他们合理挑战新的动作练习。轮滑教师也需要不断提高自身专业素养，保持健美的身形，确保能够进行精准的示范。并在传统教学方法的基础上不断寻求新的突破点，促使幼儿自主学习，创造性地学习。将幼儿置于主体地位，弄清楚幼儿喜好和个体差异性，选择多种教学方式进行教学，最大程度上做到因材施教。在现有的教学条件下，根据幼儿人数及幼儿个体差异，合理划分好幼儿活动区域，科学分配器材器具。同时，尽量要求幼儿做好安全防护，佩戴头盔、护腕、护膝等，再通过教师详细分解技术动作，促使幼儿在有效的安全措施和正确的技术指导下放心地完成练习，这也是减轻幼儿心理障碍的有效途径之一。

（四）教师加强理论讲解和动作示范

在轮滑课开始之前，教师需讲解相关理论知识，促使幼儿在理论知识的指导下科学进行实践。例如，轮滑鞋前方会有一块凸起的橡胶，幼儿想要动作停止时，可以让双脚一前一后，置于后方的那只脚前倾触地，橡胶触地会有与地面产生很大的摩擦力，这个摩擦力能使轮滑迅速停止。通过讲解相关知识，让幼儿既知其然，又知其所以然，将理论联系实际，做到心中有数，心里的恐慌自然会降低。幼儿技能学习初期都是通过模仿形成的，教师在进行轮滑教学时，首先要提升自我修养，确保自身能够循序渐进地示做出赏心悦目的动作。一般情况下，教师在进行动作示范后，幼儿的头脑中就会立即形成视觉表象，随后在自我练习中产生动觉表象。由此可知，教师优美、轻松的动作示范会传递给幼儿一种美的感受，幼儿在教师的示范中感觉轮滑简单易学，便会引发幼儿的学习好奇心和学习兴趣，进而大胆尝试。

第三节 幼儿轮滑运动开展对策研究

《3~6岁儿童学习与发展指南》中指出，发育良好的身体、愉快的情绪、强健的体质、协调的动作、良好的生活习惯和基本生活能力是幼儿身心健康的重要标志，也是其他领域学习与发展的基础。因此，开展丰富多样、富有兴趣、符合幼儿身心发展特点的体育活动是增强幼儿身体素质，促进心理健康发展的重要途径。针对幼儿园轮滑活动开展情况观察，发现其中存在一些问题，因此针对这些问题提出一些建议对策，以促进幼儿园轮滑活动丰富、科学、合理地进行，幼儿身心和谐发展。

一、搭建展示平台让幼儿快乐轮滑

游戏是最好的教学方式，也是师生缓解压力、加深关系的"润滑剂"，教师对教学内容的讲解、示范，要能让幼儿在训练中学到轮滑技术，同时还要能让幼儿保持浓厚的学习热情、练习的积极性和高昂的自信心。合理的游戏方式能解决教学的重难点，有助于提高幼儿学习的参与性。在游戏中，幼儿随时都可以交流经验，相互配合，这就在无形中提高了幼儿自主学习、相互学习、共同探究的能力。比如，在轮滑基本滑行中，滑行动作是否规范直接影响着动作的优美程度。降低重心滑行时，教师可以设置小横杆，幼儿练习时就不会因为想着纠正动作而感觉乏味。这样简简单单的小游戏，可以降低幼儿的练习惰性和抵触情绪，营造良好的学习氛围。又如，在"接力过桩"游戏中，教师讲解完规则后可以对幼儿进行分组。教师在游戏中要做好裁判和指挥工作。幼儿在过桩技巧、速度快慢、滑行方式、接力动作完成等方面都存在差异，正是因为这些差异，幼儿之间才有了相互交流的动力。所以，游戏可以帮助幼儿相互学习，提高能力。

（一）竞赛类活动

竞赛类游戏主要是通过幼儿间互相比赛，分出胜负的幼儿轮滑体育游戏，一般分组分队进行，其目的是增进幼儿学习兴趣，培养幼儿勇于拼搏的意志品格。由于竞赛类游戏强调结果的胜负，中班幼儿逐步产生兴趣，竞赛意识开始萌芽，根据班级情况选用，大班幼儿逐步增加。由于大班幼儿对各种基本动作和技能都已初步掌握，容易对日常的动作练习活动失去兴趣，因而产生动作惰性。而竞赛性活动的方式及其氛围，会使幼儿尽自己所能去争取胜利，克服惰性，发挥最高水平。如：要进行一项接力赛活动时，如果教师以单一的接力进行教学，比较枯燥、乏味，难以引起孩子的活动兴趣，因此，将接力活动融入主题游戏活动中，再把接力赛情景化，变为《勇敢的小兵》《火炬接力》等，让孩子在游戏中体验接力的乐趣。

（二）节庆日活动

每一个学习阶段结束时，都要将孩子所学的轮滑知识、技能向家长进行展示，并结合六一节、元旦节、游戏节、家园同乐等节日和活动，展示其轮滑的技巧，如：游戏《红绿灯》、速度技巧、绕障弯道滑行等高难度动作，让家长分享轮滑游戏带给孩子们的快乐。

二、安全第一贯穿幼儿轮滑教学活动

幼儿轮滑教学过程实际上就是"摸、抓、滚、打"的过程。然而幼儿的自我保护能力差，对于幼儿轮滑教学，一定要有安全第一的观念，应从以下几个方面做好安全防范工作：首先，在调动小朋友的学习兴趣后，要趁热打铁，给小朋友进行安全知识教育，让他们了解到怎么样才是安全的，什么是不能做的，既保护自己更不伤害别人。此外，要逐一为每个小朋友穿戴好护具，并检查鞋带是否绑好。要告诉小朋友们，记住这些动作是每次玩轮滑前必须做一遍的，就像吃饭前要洗手一样，使他们养成良好的习惯。其次，是对运动场合的选择。幼儿身体比较脆弱，教学初期宜选择在不易磕碰的平整宽敞的室内进行，四周不要有其他摆件，以免幼儿滑行过程中磕碰。待幼儿对轮滑掌握较好后，移到室外进行教学，但要避免坡地。最后，要注意轮滑教学中的安全问题：

第一，每次轮滑教学前，要带领小朋友做好热身运动，把身体运动开。针对轮滑运动特点，重点做好脚踝、膝盖、大腿关节与腰部的热身，避免轮滑过程中碰伤、扭伤这些部位。

第二，每次轮滑教学前，要带领小朋友一起对轮滑鞋进行检查，确认轮滑鞋无恙方可进行教学。初学轮滑易摔倒，教师一定要教会小朋友摔倒技巧，告诉小朋友万一摔倒应抱头并蹲下，向前扑倒，避免后仰，由护具着地，避免伤害。

第三，每次轮滑教学后，根据小朋友的表现组织小朋友进行总结，说说自己为什么摔倒和摔倒如何处理，让小朋友互相学习、讨论，树立安全意识，养成好习惯。

三、实行科学有效的教学方法

轮滑技术的学习要遵循泛化—分化—自动化阶段。教师在指导教学的过程中要做到理论联系实际，多讲多练，即讲技术，讲技巧，练给幼儿看，尽量多给幼儿提供实践的机会，在练习中发现问题、解决问题。在教学示范中，应从易到难、从简到繁，突出重难点，选择不同的示范面，示范中务必让幼儿看清楚。比如 crazy 动作，教师可分解为前交叉和后交叉两部分来教学，让幼儿寻找同伴辅助自己进行练习，一个练习前交叉，一个练习后交叉。此外，练习时，要注意练习的负荷量，要有正确的练习方法和合适的练习密度，这样才能提高幼儿的练习效果。比如，"倒单脚S形过桩"教学，教师可将教学方式分为：直线倒滑练习—直线倒单脚滑行—双脚倒滑S形过桩—双脚倒滑单脚上桩S形过桩—倒单脚S形过桩多个环节，每个环节都要留给幼儿充足的实践时间和练习空间。教师在指导幼儿练习时，应认真观察每个幼儿的练习情况，做好引导和讲解，关注幼儿的个体差异，确保每个幼儿的能力都能得到提升。

四、运用表演，巩固教学成果

当幼儿掌握一定的轮滑技术后，教师可以适当规定一些内容，如正剪、正蛇，通过动作的展示来进一步训练和巩固幼儿的轮滑技术。一方面，帮助幼儿树立信心，每次练习都是在挑战自我，每一个成功动作的学习过程都是在失败中孕育的，哪怕一百次的失败，只要有一次的成功都是值得的。另一方面，给他人示范，交流动作，共同提高，一个动作的顺利完成，在无形中会给全队带来希望，从而鼓舞其他队员坚持练习。教学中，教师对所授动作掌握良好的幼儿应给予表扬或准备小礼物，以激发幼儿的兴趣与积极性；对于有待提高的幼儿，教师要让他们明白动作的重难点，在练习中抓住重点，突破教学难点，教师还应耐心指导并及时指出幼儿的错误动作。此外，轮滑技术具有很强的表演性，教学时，教师可以安排多个幼儿进行同一动作的演示，在练习中，引导幼儿对动作加以认识和掌握。对于轮滑技术较好的幼儿，组织他们"说一说""谈一谈"，讲述自己对动作的感悟和心得，加强幼儿之间的交流。因此通过表演来促进幼儿练习，能够帮助幼儿进行自我反思，提升学习能力。

第六章
幼儿轮滑教学活动探究

第一节　幼儿轮滑教学原则研究

合理创设幼儿轮滑教学情境能够营造良好的教学氛围，促使幼儿能够积极、主动地参与到幼儿轮滑教学活动中去，这是一种有效的方法。与其他教学阶段相比，幼儿轮滑教学更为特殊，教师需要从幼儿的身心特点出发，选择对他们健康成长和学习发展有益的教学方法。如果创设的教学情境较好，将会给幼儿带来不一样的教学体验和感受，而且这样的教学符合他们的身心特点，有利于幼儿积极创新和探索，进而实现健康、全面的发展。因此，在进行幼儿轮滑教学活动中应遵循以下原则：

一、循序渐进原则

学习轮滑技能和安排运动量时，要根据每个人自身的身体素质出发，由小到大、由易到难、由简到繁，逐渐进行。在幼儿初学阶段重视幼儿基本功练习，培养幼儿的基本能力是教学的重点，但同时也应该将调动幼儿的积极性考虑到整个教学中去。

二、全面发展原则

在轮滑运动时，要注意活动内容的多样性和身体机能的全面提高。锻炼时要专注肌肉的张弛，关节的反复，呼吸的出入，节奏的疾徐，动作的屈伸，使自己的身体、精神、心智都得到相应的锻炼。

三、因材施教原则

要根据每个幼儿的年龄、性别、爱好、身体条件，还有各自的特点、锻炼基础等不同情况，在体育锻炼时做到因材施教，使体育锻炼变得更具有针对性。

四、安全性原则

从事任何形式的体育运动都要注意安全，如果安排得不合理，违背科学规律，就可能出现安全事故。应该有目的地去选择适当的方法。

五、适量性原则

并不是运动得越多，效果就越好。应合理安排幼儿的学习时间，劳逸结合。

六、重视左右均衡发展原则

在现实教学中，大部分幼儿在学习初始并不会出现偏重于某一侧肢体的问题，教师应该在幼儿学习的初期有意识地安排幼儿进行左右侧均衡的练习，并且在学习新技术的时候，注意提醒幼儿左右侧交替进行练习，以免在新技术形成的时期，幼儿形成偏重于使用某一侧肢体做技术动作的习惯。同时，在幼儿技术巩固提高的时期，可以运用综合练习的方法，合理设计练习动作，让幼儿在练习中左右侧肢体均得到相应的锻炼，左右侧技术也都有运用的机会。

七、趣味性原则

教师结合幼儿的性格特征和认知水平创设教学情境，而这一教学情境一定要是幼儿感兴趣的，且能吸引幼儿的注意力，如通过举办故事会或者做游戏，使教学活动变得有趣，以调动幼儿的积极性。

八、形象性原则

创设教学情境主要是为了将幼儿心中的感性认知激发出来，以提高幼儿的认知能力。因此，在创设教学情境的过程中，教师要保持教学的形象性，使课堂教学更加生动。例如，在教授幼儿认识幼儿轮滑动作时，教师可以通过摆放不同的动物或者动画模型，让幼儿从中挑选认出具体的动作，然后进行动作的迁移，进行模仿。针对不同的幼儿轮滑动作教学，能够增加幼儿的认知，使他们的思维能力得到培养。

九、问题性原则

教师要利用幼儿好奇心强、思维活跃等特点，创设情境时要坚持问题性原则，促进幼儿开始主动、积极地思考问题，使课堂氛围变得更加活跃，为有效完成教学任务提供保障。

十、生活性原则

教师要结合幼儿的生活实际，让幼儿对教学情境感到亲切、熟悉，这样才能推动幼儿更好地完成学习任务，并将他们身上的学习潜力激发出来。通过创设生活化的教学情境，以吸引幼儿的注意力，引导他们主动投入到活动中去。

第二节　幼儿轮滑教学方法研究

幼儿阶段的轮滑教学应以激发兴趣为基础，注重幼儿轮滑教学的趣味性、综合性、多样性，并有效融入流行及民族等元素，改革创新幼儿轮滑教学模式，以实现提高幼儿身体素质、呵护幼儿心理健康的教学目的。因此，常见的幼儿轮滑教学使用方法有如下：

一、示范法

幼儿轮滑教学中通常采用完整示范和分解示范相结合的方法进行技术教

学。完整示范可使幼儿了解技术动作和全貌，建立动作的完整概念，这对于掌握动作连贯性很强的轮滑技术是非常重要的。对于复杂的轮滑技术采用分解示范，有利于幼儿感知和了解单个动作的细节，准确地掌握动作，如：蹬地、收腿、摆腿、着地、摆臂等动作。示范的位置通常采用正面示范、侧面示范、背面示范和领做示范，教师在选择示范位置时，应顾及队形队列、教学内容、场地、自然环境以及安全等，再根据教材的难易程度、运动轨迹、动作的结构与方向来确定示范面，目的是有利于全体同学的观察、学习。

二、讲解法

在幼儿轮滑教学中，教师应以通俗、简练、生动、形象的语言讲解动作要领，使幼儿清楚、明确地了解所学动作的方法和要领。在幼儿轮滑实践课中，教师的讲解必须抓住重点，精讲多练，以生动形象和富有感召力的语言，自然和谐地表现出丰富的知识面和良好的教学状态，去启发幼儿的学习兴趣，使幼儿明确动作的标准和规范，较准确地理解和掌握动作。

三、电教法

电教法是通过电化教学工具向幼儿展示所学动作的影像的一种手段。电化教学包括电影、录像、幻灯等工具。通过放映所学动作的影像，可向幼儿直观地展示正确动作、优秀运动员的先进技术，使幼儿建立正确动作概念，还可通过放慢镜头了解轮滑动作的完整过程和技术细节，以加深幼儿对所学动作的运动表象认识和技术分析能力。

四、教学的组织练习法

当幼儿初步学会动作后，要使技术达到熟练程度，就需要教师组织幼儿反复练习，逐步形成正确的动力定型和技能自动化，教师应根据教材难易和幼儿掌握的程度来安排练习次数、时间和运动负荷。

五、游戏与比赛法

游戏与比赛法是以游戏的方式组织幼儿进行练习的方法。游戏与比赛法能提高幼儿掌握和运用体育知识、技术技能的能力，有利于调动幼儿的积极性，激发学习兴趣，达到掌握、巩固和提高动作的目的。对于有基础的幼儿来说，在游戏比赛中，可暴露出他们技术动作的不足和错误，教师可采用相应手段加以改进。对于初学者来说，通过游戏与比赛培养他们对轮滑运动的兴趣，并在游戏与比赛过程中，提高幼儿的支撑和平衡能力。

六、衔接法

衔接法是指教授直线轮滑技术或弯道滑行技术等的学习过程中，幼儿熟练掌握动作和动作之间的连接的一种方法。对于难度较大，动作较复杂的动作，如蹬地，收腿，着地，摆臂等动作。为了使幼儿尽快地掌握完整动作，熟练动作与动作之间的连接，在分解学习动作过程中，必须使幼儿明确和掌握各个动作的开始姿势和结束姿势。把慢速与常速示范有机地结合起来。达到使幼儿完整掌握技术的目的，不断提高动作间连接的熟练性。

七、提示法

提示法包括口令提示和示范提示。复杂的轮滑技术动作，幼儿经常记忆不清楚，因此在教学中提示是必不可少的，是实效性很强的方法之一。提示法有利于幼儿在较短时间内建立正确动作概念。例如：在滑行中对幼儿应注意技术的提示"压住、向侧、快收腿、早蹬地"等。

八、口诀强化法

布置课后作业，把所学的动作名称、动作做法、动作要领编成口诀表示出来。例如起跑动作的口诀是起跑好似箭离弦，两脚用力蹬地面，迅速前转摆浮腿，快蹬，向前冲。在编写口诀的过程中，幼儿对动作的名称要领、连接等多次在脑中重复再现，模仿、分析，形成较稳固的动力定型。节省体力消耗，提高教学质量，熟练技术动作，改进动作技能，提高动作的协调性和运动感觉能力。

九、分段结合法

所谓分段结合法，主要是指在轮滑教学中，对于一些相对来说比较复杂，幼儿掌握起来比较困难的动作，可以将动作分为几个阶段进行教学，让幼儿能够循序渐进地对动作进行理解和掌握。由于轮滑运动需要幼儿在运动过程中将身体的多个部位参与其中，为了能够使幼儿更好地掌握动作要领，在教学过程中，教师将动作按照部位进行分段，然后在幼儿充分掌握之后再将所有动作结合到一起。就目前轮滑运动的特点来看，开展教学活动，教师首先应该让幼儿对轮滑运动的技术要领进行全面掌握，比如说，屈膝、安全事故处理等，然后再进行轮滑运动的细致动作讲解。一方面可以帮助幼儿更快地掌握运动技术和要领，另一方面则可以培养幼儿自我保护意识，避免在运动过程中受伤。

分段教学时教师应该注意以下几个方面的问题：

（1）在对一个动作进行分段的时候，应该注意每个动作之间的相关性，确保分开的部分容易连接完成，避免出现动作的整体结构被破坏的问题发生。

（2）让幼儿对段落和部分的划分进行充分掌握，在分段练习过程中，要提高对技术动作部分与部分之间的关系。

第三节　幼儿轮滑教学活动设计注意事项概述

幼儿对于未知事物有很强的好奇心，因此幼儿对某项事物的喜好较随性，觉得"有意思"才会给予更多的关注，对无趣的事情也会产生排斥心理且不愿再去尝试。因此，教师在进行幼儿轮滑教学活动时应充分将轮滑运动项目与游戏结合起来，帮助幼儿在游戏中顺利且自然地完成身体各方面的训练，充分激发幼儿在轮滑游戏中的运动热情，缓释其在轮滑运动过程中产生的疲劳感。每位幼儿对事物认识与理解的快慢、深浅程度各不相同，身体柔韧性、协调性、平衡力等均有所差别，轮滑运动项目对幼儿而言也有擅长和不擅长之分。因此，体育教师在设计教学方案、开发轮滑教学活动时应选取一些简单易懂、易学会、难度较小的轮滑活动，根据幼儿成长阶段特点，将一些轮滑教学活动进行改革和创新，形成既适合幼儿运动又具备特色的轮滑教学方案。

一、幼儿轮滑课程的教学内容

教学内容的适宜性与促进幼儿体质健康的目标密切相关。为此，在准备活动中，我们围绕提高幼儿的柔韧性来安排练习内容：首先，以慢跑热身；其次，以头绕环、肩绕环、腰绕环练习上肢柔韧性，以正、侧踢腿练习提高大腿部后侧柔韧性；第三，结合提高柔韧性进行拉筋练习，拉筋的动作要缓慢而温和，千万不可猛压或急压。拉筋的目的，是利用肌肉肌腱的弹性及延伸，刺激肌肉神经及肌腱感受小体的神经讯息，而逐渐增加伸展的潜力及忍受力。第四，依据幼儿身体素质的差异，采用有针对性的方法不断提高其身体健康水平。总之，在轮滑课教学方面，无论是准备活动，还是技能练习都要把幼儿"体质健康促进目标"科学地纳入技能教学内容之中，不断提高幼儿的身体健康素质，实现轮滑课增强幼儿体质健康的目标。

二、幼儿轮滑课程教学目标

合理有效的目标设置可以从多方面影响幼儿的表现，教师应对幼儿的生理水平、技能水平、心理水平、接受能力等方面进行测定和分析，针对每个幼儿的个性特征来设置具体的学习目标。目标的设置既要具有挑战性，又要符合幼儿的实际能力，最好设在幼儿需要经过较大努力才能够达到的水平，因为这种目标对幼儿会有较大的吸引力，可促使其奋发努力，更好地完成学习任务。例如，在学习轮滑直道左右单脚支撑滑行能力，即单脚支撑的距离练习时，教师可将学习过程划分为几个阶段，对各阶段的动作规格提出具体的要求。

当多个阶段目标被逐个实现后，自然会促进长期目标实现的可能性。最高一级为长期目标，最低一级是幼儿当前的能力或水平，中间各级代表阶段目标，难度逐级加大，以此引导幼儿实现最终目标。

三、幼儿轮滑课程教学方法

教学方法是教师和幼儿为了实现共同的教学目标，完成共同的教学任务，在教学过程中运用的方式与手段的总称。确定教学内容、明确教学目标，恰当地选择、创造性地应用教学方法，对于提高教学质量、更好地完成幼儿体育课程的教学任务具有重要的意义。在幼儿轮滑教学方法的选择上，教师要依据轮滑的教学内容进行选择。

四、教学重、难点

轮滑水平的提高，取决于幼儿是否采用标准的基本姿势，有节奏地左、右脚反复蹬地，推动身体重心左右移动，达到单脚支撑，并保持稳定和长距离的滑行。为掌握轮滑运动技能，我们把基本姿势、重心移动、单脚支撑能力作为重、难点，并对重、难点内容进行强化。在单脚支撑能力的教学中，重、难点是重心移动到支撑腿，鼻、膝、踝上下保持一条线的基础上，再让幼儿把头向外侧移动 20~30cm，并促使非支撑腿在身体侧方抬起，完成单脚支撑的目标。为完成这个目标，教师要求幼儿通过一系列的辅助练习，如幼儿两手扶住围栏，重心下降，把非支撑腿抬向左侧；然后在保持平衡的基础上，两手脱离围栏，练习右脚的单脚支撑能力。

五、幼儿轮滑课程课堂教学

在幼儿轮滑教学中，科学合理地组织教学是促进幼儿轮滑运动技能提高的关键。首先，准备活动须与本次课技能学习相关。例如，本次课学习轮滑重心移动技能，那么在进行准备活动和柔韧性练习之后，教师可以组织幼儿进行陆地模仿练习，让幼儿体验重心移动的重点和难点在哪里，这样当幼儿穿上轮滑鞋之后，就能够知道自己应该练习的重点。其次，准备活动做一些辅助练习。例如，在学习轮滑直道完整滑行之前，利用将陆地模仿作为准备活动既可起到热身的作用又对学习轮滑直道技能的掌握具有促进作用。

六、幼儿轮滑课程课堂评价

在轮滑 1 个学期的教学过程中，幼儿在第 5 周之后，经常出现"两极分化"的现象，即运动技能突出的幼儿和运动技能差的幼儿之间的差距非常明显。这种现象与性别无关，男女生中都会出现。为了达到提高全体幼儿运动水平的目的，教师在教学过程中一定要防止部分幼儿出现"打退堂鼓"

的现象。因此，教师要做到以下几点：一是在第 1 课时教师就要把这种情况告诉家长，让家长对此现象有所了解，并认识到这是正常现象；二是教师要运用好课堂评价，促使运动技能掌握差的幼儿进行有针对性的练习，尽快提升技能水平；三是教师要多鼓励、激发技能差的幼儿树立信心，相信自己的能力，特别是对于身体素质差和缺乏信心的幼儿，教师一定要多关注、多关心。在轮滑课堂上，教师的评价要恰到好处，特别是在技能学习的过程中，教师不但需要及时指出幼儿的错误动作并且纠正，更需要对他们的努力给予充分肯定，对于幼儿而言，肯定和表扬的作用要胜过否定和批评。

第四节　幼儿轮滑教学活动组织设计与实施

《幼儿园教育指导纲要（试行）》中明确指出："在体育活动中，培养幼儿坚强、勇敢、不怕困难的意志品质和主动、乐观、合作的态度。"幼儿轮滑教学活动是根据健康领域的目标及要求创设，开展丰富的轮滑教学游戏，幼儿根据自己的喜好参与到幼儿轮滑教学活动中来。下文就如何有效组织与实施幼儿轮滑教学活动进行深入探讨。

一、抓好幼儿轮滑教学的四个阶段

第一阶段：激发兴趣，树立信心；
第二阶段：完善技术，合作学习；
第三阶段：竞赛游戏，展示自我；
第四阶段：延伸技术，拓展个性。

二、幼儿轮滑教学活动组织实施步骤探析

第一步：通过形象化的语言帮助幼儿学习轮滑的基本动作
心理学表明，幼儿的思维是直观的、具体形象的，他们对于幼儿轮滑的基本动作要领是很难理解并感兴趣的。教师可以通过形象化的语言帮助孩子

掌握动作要领。如在让幼儿学习 5 个基本动作时，教师可以用浅显的语言告诉幼儿"站立"就像"跳芭蕾"，抬头挺胸，脚尖微分开，左脚跟顶住右脚内侧成 T 字形；"踏步"好像"鸭子走"一摇一摆真可爱；"滑行"就像"小企鹅"，咪溜咪溜有趣的滑行真好玩等等。幼儿在这样形象化的比喻下更容易掌握这些基本的动作，也利用学习兴趣的提高。

第二步：通过创设情境性的环境，帮助幼儿巩固学习轮滑的基本动作

幼儿在基本掌握了轮滑的基础动作后，再让他们进行简单枯燥的训练，反复地练习某一个动作会使他们失去耐心从而产生厌烦的心理。教师可以创设一个情境化的环境，帮助幼儿练习。如在训练场布置"去郊游"的活动场景：高耸的红绿灯，在小路上撒上一些沙包做小石头，用蓝色的皱纸制作小河等等。教师带领幼儿去郊游啦（大家一起练习滑行），哎呀，前面有许多的小石头阻碍了我们的路，我们应该怎样过去才能避开这些呢？（幼儿一起练习了踏步）咦，前面出现了一个红灯，马上要停下来。（幼儿一起练习了站立）绿灯了，我们快快出发吧！（再次练习滑行）前面出现了一条小河，阻挡了我们的路，快快刹车！（练习了停止）看似一个简单的情境性游戏活动却包含了许多的动作练习，使幼儿在潜移默化中巩固了轮滑学习的基本动作。在幼儿轮滑学习过程中也会发现一些动作上的问题，教师可以通过一些情景帮助孩子纠正。如在学习滑行动作时，要求幼儿重心放低，膝盖弯曲，大腿稍微并拢。但经常有孩子重心会提得比较高，就像站着滑一样，经多次提醒，收效甚微。教师可以设计一个"钻山洞"的游戏情境，用大网挂在一定的高度，幼儿滑行时要"钻"过去，这样反复多次，幼儿滑行时重心都自然而然地放低了。

第三步：通过集体性的表演，帮助幼儿展现轮滑学习的成果

在幼儿学习了一段时间后，可以将学到的动作进行整合、编排，配合动感十足的音乐及队形的变换，使幼儿感受到轮滑学习的快乐。如在幼儿园运动会上，请轮滑小队员在开场时手拿各色彩旗进行表演秀，既调动了全场的气氛，又让轮滑队员产生了无比的自豪感，增加了孩子们的集体荣誉感。

第四步：通过个别竞赛，帮助幼儿展现自我，培养竞争意识

老师可以设计一些竞争性游戏，帮助孩子们提高竞争意识。如在"运水果"活动中既可以让孩子们在规定时间内看谁运的水果多，也可以以小组为单位看哪组运的水果多。"拉小车"游戏有利于培养幼儿两人一组的配合性及与同伴间的竞争性。在游戏中,幼儿的比赛意识越来越强,也越来越自信了。同时,在竞争过程中不可避免地摔倒也可以使幼儿变得更加勇敢与坚强。

第五步:采用多种形式有效评价特色幼儿轮滑教学活动

第一,语言评价

教师的评价不应简单地肯定或否定,而应分析原因,要指出努力的方向。评价要中肯,更需要切中实际、用词准确、到位,不能泛泛而谈,灵活运用存乎一心。另外,肢体语言也很重要,教师的神态、体态都是评价的手段,如点头、微笑、爱抚、拍手等,运用得当,都能取得很好的效果。

第二,物质评价

评价手段的多样化还可以表现在物质上,教师可以以小红花、五角星、小哪吒等物质来调动幼儿的学习积极性,提高幼儿的学习兴趣。

第三,量表评价

将幼儿轮滑体育游戏活动量表化,根据中大班幼儿的"参与状态、自我保护能力、意志品质、基本动作发展"等内容设计成评价指标。让教师根据幼儿在轮滑游戏活动中的不同表现,以"A、B、C"三个档次进行评价。此外,为了指导教师有效地设计与开展轮滑体育游戏活动,反思活动中存在的不足,切实促进幼儿在运动过程中的全面发展,针对教师活动的设计与组织过程,可以设计《"幼儿轮滑教学活动"观察评价表》。

三、幼儿轮滑教学组织设计注意事项

(一)做好活动基本保障

顺利开展幼儿轮滑教学活动,必须做好两个方面的保障。一是时间保障。教师需要根据幼儿体育活动相关要求,合理控制幼儿轮滑教学活动时间。比如,每周两次、每次一小时,在实际开展过程中,教师可以根据天气状况灵活调整;二是安全保障。一切活动的开展都必须建立在安全基础上。在幼儿轮滑教学活动开展前,教师应提醒幼儿做好准备工作。比如,系好鞋带、穿适合运动的衣服;向幼儿讲解活动过程中应掌握的安全细则;认真检查活动场所和活动材料是否存在安全隐患。教师要密切观察幼儿的一举一动,一旦发现幼儿出现异常情况,要及时停止活动并采取救治措施。

(二) 制定幼儿轮滑教学活动规则

幼儿阶段是规则意识形成的关键期。教师在制定幼儿轮滑教学活动规则时,可以鼓励幼儿参与其中,这样能够增强幼儿的主人翁意识,充分发挥幼儿的主观能动性。幼儿在参与规则制定后,会更加自觉地遵守规则。

1. 守时规则

为了促进幼儿轮滑教学活动的有序开展,教师应与幼儿一起制定守时规则。比如,教师根据活动设置各环节的时间,以提醒幼儿注意运动与休息,使幼儿养成守时的习惯;教师限定每个幼儿轮滑运动的活动时间。

2. 限人规则

为了避免幼儿轮滑教学活动的人数过多,教师可以针对各幼儿轮滑教学活动要求,限定各幼儿轮滑教学活动人数。在活动开始前,幼儿根据自身意愿进行选择排序,如果排序第一的区域人数已满,其他人就移至下一活动区域。

3. 整理规则

幼儿轮滑教学活动结束后,经常会出现活动材料被随意摆放的现象。为了培养幼儿养成及时整理的习惯,管理者可以先将各活动器材进行摆放,让幼儿熟知器材的位置,然后活动结束后,带领幼儿收集并摆放好活动材料。

4. 安全规则

幼儿轮滑教学活动的分布较为分散,为了保障幼儿活动安全,师幼可以一起制定安全规则。比如,大班幼儿在活动过程中,应照顾好小、中班幼儿,通过"以大带小",提高活动的安全性;幼儿一起制作安全标志并张贴在轮滑活动场所;教师应在存在安全隐患的场所做好安全防护工作,要密切关注幼儿,防止幼儿受到伤害。

(三) 及时评价指导活动

在幼儿轮滑教学活动中,教师要及时点评幼儿的活动表现,多采用积极性的言语,使幼儿保持参与活动的积极性。运动能力较强的幼儿,教师要及时表扬;对于运动能力差的幼儿,教师应多加鼓励。

实践篇

第七章
幼儿轮滑教学案例实践

第一节　轮滑准备

一、轮滑护具的穿戴

（一）任务目标

1. 学会正确穿、脱、佩戴护具。

2. 培养幼儿自主独立的良好品质。

（二）动作练习

第一部分：选择合适的位置

最好坐在椅子上或高于地面的位置上，也可以席地而坐。

第二部分：正确放置物品

在参加运动的人较多时，应统一将物品整齐地摆放在同一侧，避免互相影响。

第三部分：穿戴装备

1. 进行轮滑运动应穿戴护具。穿戴装备时，依次穿戴护肘、护膝、头盔、轮滑鞋、护掌。脱掉时次序相反。

2. 穿鞋时先将脚穿入鞋内，确认脚掌全部落实后，由鞋子前端开始拉紧鞋带，并系成活结，然后拉紧固定带到适宜状态即可。

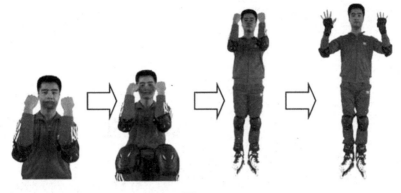

图 7 - 1

（三）参考练习及注意事项

1. 轮滑鞋及护具需穿戴整齐且牢固。脱掉时将鞋子护具叠放整齐，粘好各固定带，养成物品收放整齐的好习惯。

2. 鞋带不宜系得过紧，否则可能影响脚踝部位各关节的正常活动，同时也可能造成脚、踝等部位挤压受伤。

3. 鞋带不宜留得过长，以免在滑行时碾压坏鞋带，同时避免影响正常滑行，造成危险。

二、轮滑准备的注意事项

1. 运动前必须戴好头盔、护肘、护膝、护掌等。

头盔作用：滑行过程中因失去重心而摔倒时可保护头部。

护肘：滑行过程中因失去重心而摔倒时可保护肘部。

护掌：滑行过程中因失去重心而摔倒时可保护手腕和手掌。

护膝：滑行过程中因失去重心而摔倒时可保护膝部。

2. 运动前检查轮滑鞋的刀架、轮轴、螺丝等是否牢固，轮子转动是否灵活，轮子表面是否有水（轮子或地面有水容易打滑）等，如有异常应及时修复，以保障运动的安全和轮滑鞋的使用性能。

3. 运动前做好相应的热身准备活动，避免运动过程中出现关节扭伤、肌肉拉伤等。

4. 运动中必须按照正确的姿势滑行，养成靠右滑行习惯。不在有水、油或充满杂物及不平坦的路面滑行，遵守交通规则，不在机动车道上滑行。

5. 学会正确的停止与摔跤方法，定期检查装备性能，学会自我保护。

6. 定期检查、清洁轮滑鞋，及时调整轮子的方向位置，延长轮滑鞋的使用寿命。

7. 滑行时应控制适当的速度，注意安全。

8. 在滑行时注意避让障碍物，防止意外发生。

第二节 轮滑摔跤

一、摔跤的基本姿势

（一）任务目标

1. 学会正确的摔倒方式，使幼儿克服恐惧心理，养成勇敢不惧的品质。

2. 加强初学者对护具穿戴的意识。

（二）动作练习

1. 前摔

第一部分：迅速降低身体重心，以膝、肘、掌（肘与地夹角呈90°）依次着地，利用护具向前滑行缓冲。

第二部分：十指张开翘起不可握拳，掌心朝下缓冲绊倒时的力量；抬头防止面部受伤；避免单腿单臂支撑，尽量用双腿双臂支撑。（如图7-2）

图7-2

2. 侧摔

第一部分：迅速降低身体重心，以膝、髋、肘、掌依次着地。

第二部分：十指张开翘起不可握拳，掌心朝下；抬头防止面部受伤。（如图 7 – 3）

图 7 – 3

3. 后摔

第一部分：迅速降低身体重心，十指张开掌心朝下，指尖朝前稍向两侧，肘关节微屈，手掌先着地向两侧滑出缓冲，而后臀、肘、背依次着地，上体弯曲含胸低头，后脑抬起避免着地受伤。（如图 7 – 4）

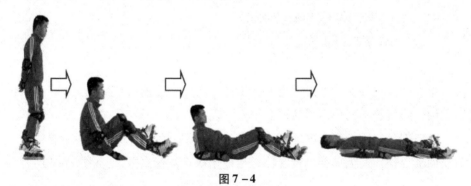

图 7 – 4

（三）参考练习及弧度注意事项

1. 原地不穿轮滑鞋练习。

2. 穿着轮滑鞋原地压刃练习（压平刃、内刃、外刃）

3. 慢速滑行摔倒练习。

4. 从软质地面到硬质地面转移的练习。

5. 摔倒时，肘、头不可先着地，手指一定要上翘，头一定要抬起。

6. 条件允许可以揑扶支撑物练习。

7. 练习过程中务必注意刀架要垂直站立。

第三节　基本滑行

一、原地踏步

（一）任务目标

1. 进一步提高平衡能力，在踏步、移动过程中体会重心与支点的配合。

2. 增强身体的协调性。

（二）动作练习

第一部分：

1. 分别做双脚呈 V 字形的原地抬腿踏步练习、向前踏步行走练习。

2. 膝盖微屈，上体前倾。

第二部分：

1. V 字形向前踏步行走时，只做向前迈小步的动作（两脚前后距离半个脚掌长度），不可向前迈大步。落地脚为四轮同时着地。前行时双脚始终保持 V 字形。

2. 抬大腿，以大腿带动小腿踏步。

图 7－5

（三）参考练习及注意事项

1. 练习时双脚开立由小到大，抬腿由低到高。

2. 不穿轮滑鞋，双脚并拢，朝各个方向轻跳练习。

3. 穿轮滑鞋的高抬腿练习。

4. 刀架务必垂直站立。

5. 移动时步子幅度不宜过大。

6. 双手前伸，上体前倾避免后摔，双手掌心朝下，十指张开不可握拳；也可直接附身屈膝，双臂自然下垂。

7. 保持身体的平衡性，使身体处在有利于滑行的状态。

二、V 字滑行

（一）任务目标

1. 提高滑行的平衡能力，掌握 V 字滑行前进的感觉。

2. 增强滑行能力，更快掌握滑行技巧。

（二）动作练习

第一部分：做基本滑行姿势，放松躯体，利用鞋轮内刃向侧后方蹬地。

第二部分：然后抬起、收回蹬地腿。

第三部分：双脚平行并拢、双腿支撑滑行一小段。如此连续地完成多个练习。蹬腿幅度由小变大。动作重点：1. 左或右脚正刃与矢状面成 30°～45°夹角推出；2. 身体重心需要压到推出的脚上。随着滑行速度的提高，逐渐变为向侧方蹬。

图 7－6

（三）参考练习及注意事项

1. 不穿轮滑鞋做分解练习。不穿轮滑鞋做三角走练习。

2. 利用同伴推力练习。

3. 身体重心稍前倾，支撑腿踩平刃。

4. 根据速度的快慢调整蹬地方向。

5. 在学习初期，蹬地完可做脚尖向内拐的滑行收腿。熟练后，须抬腿收腿，尽量将脚抬离地面，提踝避免前轮摩擦地面。

6. 蹬地时先将重心移到支撑腿上，利用脚跟后两轮蹬地推进，避免脚尖用力。

7. 从静止到移动的第一步先向侧后蹬，随着滑行速度加快逐渐转向侧蹬。滑行速度越快，越是向侧蹬。

8. 蹬地腿收回放下时，提踝以脚跟后轮先着地，避免脚尖先着地。

三、转弯滑行

（一）任务目标

1. 初步掌握转弯滑行，提高安全保障。

2. 提高滑行水平。

（二）动作练习

第一部分：双脚平行压刃转弯。

左转弯时，借助惯性，左脚前伸，两脚一前一后地平行支撑滑行。重心压低，躯体放松，身体稍作前倾，两膝盖同时向左侧方向压，上身略转向左侧，身体重心随之移向左侧，左脚压外刃，右脚压内刃，向左侧作圆弧滑行。

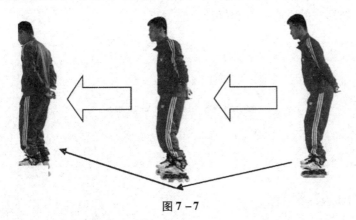

图 7-7

第二部分：A 字转弯。

左转弯时，借助惯性，双脚开立，平行前滑，压低重心。重心偏向左腿，左脚压内刃，脚跟撑地（不翘脚尖），脚尖向左转动，上身顺势转向左侧，自然带动右脚向左划弧滑行，完成转弯。

右转弯则反之，往哪侧转弯则以哪侧脚为轴心。

图 7 - 8

第三部分：交叉步转弯。

以双脚平行压刃进入弯道，外侧腿抬脚放到内侧脚内侧，并同时蹬直内侧腿，在外侧腿向外踩，内侧腿向内收，恢复成双脚平行压刃，重复辅助练习。

（三）参考练习及注意事项

1. 原地练习在转弯滑行过程中的重心适当移动。

2. 有同伴的合作搀扶练习。

3. 借助障碍物的练习。

4. 双脚分立大小根据个人特点调整（不宜过大）。

5. 控制身体的重心，掌握好转弯的技巧。

第四节　葫芦滑行

一、前葫芦滑行

（一）任务目标

1. 掌握身体平衡并能较好地控制脚的方向。

2. 提高幼儿的平衡能力和协调能力，增强腿部力量和支撑能力。

3. 熟练掌握画前葫芦的技巧，双脚能连贯完成画前葫芦的动作。

4. 学习前葫芦滑行动作，体验利用内刃滑行的感觉，初步体验自由花式轮滑。

（二）动作练习

第一部分：双脚呈"V"字形站立，膝关节微屈，重心前移，两脚微压内刃向左右两旁滑出外弧，稍微比肩宽一些。

新手误区：新手的问题在于总是去找滑行的感觉，却忘记了受力点的存在。这里再次强调葫芦步的动作受力要领，应该是膝盖受到压迫感。

第二部分：外弧变内弧，脚尖朝内外弧转内弧滑行，两大腿向内发力，顺势两脚脚尖内收，完成一个葫芦步滑行。

新手误区：新手经常出现的问题在于，感受不到压刃的感觉。新手要在滑行过程中感受力给刃的感觉。

第三部分：完成一个葫芦步时，脚尖朝外再次滑出外弧，然后开始第二个葫芦步。再次滑出的要领是脚跟是用力点，要确保脚跟用力，且双脚同时发力感觉到是第三个轮子和第四个轮子在努力前进，即正确的用力要点，如此循环不断完成连贯性前葫芦步滑行。

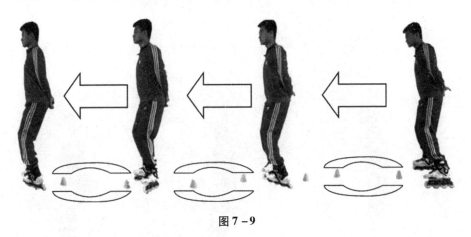

图 7 - 9

（三）参考练习及注意事项

1. 保原地内八、外八步转换练习。

2. 原地沿"⸨ ⸩"形轨迹前后滑动练习。

3. 滑行过程中，通过两鞋轮内刃向外蹬地产生动力，以膝关节带动踝关节控制脚的方向。

4. 两个葫芦步衔接时要用脚跟撑地，以便脚尖能迅速内收完成动作。

5. 借助障碍物练习，障碍物间距视个人特点而定，间距先大后小。

（四）错误动作

1. 双脚未同时发力。

2. 做葫芦时压内刃。

3. 重心没有压住。

4. 膝关节未弯曲。

二、后葫芦滑行

（一）任务目标

1. 在前葫芦步的基础上，体验后葫芦步滑行的感觉，强化后滑技术，克服恐惧心理。

2. 提高幼儿身体的平衡能力和协调能力，增强腿部力量和支撑能力。

3. 熟练掌握画后葫芦的技巧，双脚能连贯完成画后葫芦的动作。

4. 学习后葫芦滑行动作，强化利用内刃滑行的感觉。

（二）动作练习

第一部分：双脚"A"字形站立，两脚跟外展，膝关节微屈，上体直立，两脚微压内刃向左右两旁滑出外弧，稍微比肩宽一些。

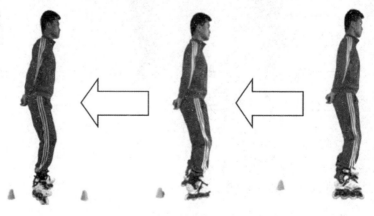

图 7－10

新手误区：新手的问题在于总是去找滑行的感觉，却忘记了受力点的存在。这里再次强调葫芦步的动作受力要领，应该是膝关节受到压迫感。

第二部分：外弧变内弧，脚跟朝内外弧转内弧滑行；大腿向外发力，两鞋轮以内刃蹬地向后划弧，重心随之后移；顺势两脚脚跟内拐、往里划弧，完成一个后葫芦滑行。

新手误区：新手经常出现的问题在于，感受不到压刃的感觉。新手在滑行过程中要感受力给刃的感觉。

第三部分：完成一个后葫芦滑行后，脚跟朝外再次滑出外弧。再次滑出的要领是身体重心向后倾斜，头从左边望向后方，左肩低于右肩向后倾斜，如此循环不断完成连贯性后葫芦步滑行。

（三）参考练习及注意事项

1. 复习倒滑，熟悉倒滑感觉。

2. 重心不可过分偏于身体前方，以免前摔。双脚内收时重心需跟随后移。

3. 滑行过程中通过两鞋轮内刃向外蹬地产生动力，以膝关节带动踝关节控制脚的方向。

4. 两个葫芦步衔接时要用脚掌撑地，以便脚跟能迅速内收完成动作。

5. 借助障碍物的练习，障碍物间距由小到大。

第五节 刹车

一、A字刹车

（一）任务目标

初步掌握停止方法，提高安全保障。

（二）动作练习

第一部分：在低速滑行时，两脚与肩同宽平行滑行，上体下压、后坐。

第二部分：而后两脚尖里转，两鞋轮压内刃，使双脚同时向内弧线滑行，减速至停。

（三）参考练习及注意事项

1. 保持适当低的姿势，压低重心有助于保持平衡。

2. 练习时，滑行速度由慢到快。

3. 身体重心后移，避免因惯性前摔。

4. 条件允许下可先进行扶杆练习。

5. 条件允许下可利用同伴推、拉力或较缓坡道来做强化巩固练习。

（四）动作要点

1. 两轮内侧需要压住地面。

2. 膝关节和脚尖用力内扣，注意脚尖不需要合拢。

二、T字刹车

（一）任务目标

1. 在单脚滑行的基础上，掌握 T 字刹车技巧，增强安全意识。

2. 在滑行过程中遇到突发事件可以运用 T 刹，保障自身安全。

（二）动作练习

第一部分：双脚呈 T 字形站立，双臂自然放松，膝关节弯曲。

第二部分：重心前移踩于前脚，后脚鞋轮以内刃向后蹬地，推动前脚滑行。

第三部分：后脚收回，轻轻着地，以鞋轮内刃擦地减速，双脚保持10～20厘米距离，上体逐步抬起，直到停止。

图 7 - 11

（三）参考练习及注意事项

1. 不穿轮滑鞋，在原地以单腿支撑，做模拟刹车动作的练习。

2. 穿着轮滑鞋，在原地做 T 字脚型的蹲起练习。

3. 在原地，用后腿推动前腿前后滑行，身体前倾，后腿内刃压地保持不动的练习。

4. 两脚保持垂直，前脚后跟对着后脚足弓处，重心始终保持偏向前脚。

5. 后脚应四轮同时擦地，切忌脚跟抬起以前单轮擦地。

6. 切忌后腿发力，造成身体向一侧旋转。

三、刹车器刹车

（一）任务目标

1. 在单脚滑行的基础上，掌握刹车器刹车技巧，增强安全意识。

2. 在滑行过程中遇到突发事件可以运用刹车器刹车，保障自身安全。

（二）动作练习

第一部分：两脚平行，与肩同宽。

第二部分：双手平行，两脚按照右脚在前，左脚在后的动作要求，前后平行拉开。

第三部分：双手扶于右脚膝盖上，轻巧地翘起右脚脚尖，使刹车器与地面完全接触。掌握了刹车器刹车的原地动作要领后，便可以开始练习行进间动作。

图 7-12

行进间动作要领：

（1）八字滑行；

（2）两脚平行；

（3）双手扶住右腿膝盖；

（4）右腿前推，翘脚尖刹车。

将刹车器刹车的原地动作要领和行进间动作要领巧妙地结合在一起，反复练习，就能学会刹车器刹车。

（三）参考练习及注意事项

1. 不穿轮滑鞋，在原地以单腿支撑，做模拟刹车动作的练习。

2. 穿着轮滑鞋，在原地做刹车器刹车脚型的练习。

第六节　双鱼滑行

一、单脚 S 形滑行

（一）任务目标

1. 掌握身体平衡和能较好地控制脚的方向。

2. 提高幼儿的平衡能力和协调能力，增强腿部力量和支撑能力。

3. 掌握前向的单脚 S 形滑行基本动作要领，增强轮滑信心，为单脚过桩奠定基础。

（二）动作练习

第一部分：双脚蹬地向前滑行产生惯性，重心稍前移。

第二部分：轻抬一侧大腿，另一侧脚的脚跟撑地，向前沿 S 形路线绕障碍物滑行，滑行过程中两腿不可张太开。

第三部分：利用腰部力量扭动，并将膝盖弯曲使支撑脚向内压刃画半弧。

第四部分：支撑脚脚尖往内拐时，两大腿同时发力往里夹，使支撑脚获得动力，向内划弧滑行。而后支撑脚脚尖自然外拐，往外划弧滑行。这时脚必须踩在第二跟第三个轮子之间以力推动转向。如此重复。

图 7 – 13

（三）参考练习及注意事项

1. 练习时先双脚平行开立，以单脚绕桩 S 形滑行，另一只脚在桩线一侧直线滑行，身体重心由两脚支撑慢慢转移成由绕桩脚支撑，熟悉动作，克服恐惧心理。

2. 身体重心稍向前，避免后摔。

3. 支撑脚脚跟撑地，以便于脚尖左右摆动。

4. 初始的惯性滑行是原动力，而后依靠支撑脚的脚尖往内甩动、双腿内夹产生动力。

5. 滑行过程中身体不可过分偏向一侧。

二、前双鱼滑行

双鱼绕桩滑行在轮滑花式绕桩中属于基础动作之一，绕桩时就像一只鱼游动一样。

（一）任务目标

1. 掌握身体平衡和双脚控制方向的能力。

2. 正确掌握用腰部发力带动脚部转向。

3. 初步体验前双鱼滑行的感觉，感受自由式轮滑的全身性运动。

（二）动作练习

第一部分：在直线滑行的基础上一只脚保持直线滑行，另一只脚则沿波浪弧线向前滑行。

图 7－14

第二部分：滑行一段距离后双脚交替，之前直线滑行的脚变为沿波浪弧线向前滑行，沿波浪弧线向前滑行的脚则变更为直线滑行；最后再双脚一起沿波浪弧线向前滑行。

第三部分：借助向前滑行的惯性，两脚平行并拢，膝关节微屈，身体稍前倾，双臂侧平举打开，身体放松，以髋带膝，两脚用脚跟撑地，脚尖一起左右变向甩动，沿波浪弧线前滑。

（三）参考练习及注意事项

1. 不穿轮滑鞋，在原地以髋带膝，双脚脚跟撑地，脚掌左右转向练习。注意前脚掌不能抬离地面。

2. 滑行过程重心始终保持稍向前倾。

3. 滑行过程切忌脚尖抬离地面，以免造成后摔。

4. 双脚保持平行并拢状态，不宜开立过大。

5. 前期以惯性为动力，后期以肢体拧转甩动以及脚跟向外蹬地产生动力。

6. 借助障碍物练习。

（四）辅助动作

以右脚为例，在绕桩的过程中，左脚踩正刃在桩的一侧适当距离做直线滑行，右侧髋带动右膝和右脚做"S"形绕桩。

三、后双鱼滑行

（一）任务目标

1. 掌握身体平衡和双脚控制方向的能力。

2. 培养幼儿在后双鱼滑行的过程中头往侧后方看的意识。

3. 在前双鱼滑行的基础上，感受后双鱼滑行，增强轮滑过程中的信心。

（二）动作练习

第一部分：在后滑的基础上一只脚保持向后直线滑行，另一只脚则沿波浪弧线向后滑行。

第二部分：滑行一段距离后双脚交替，之前向后直线滑行的脚变为沿波浪弧线向后滑行，沿波浪弧线向后滑行的脚则变更为向后直线滑行；最后再双脚一起沿波浪弧线向后滑行。

第三部分：利用后滑获得一定的向后滑行的惯性后，两脚平行并拢，双臂侧平举打开，身体放松，重心朝身后移，以髋带膝，两脚用前脚掌撑地，脚跟左右变向，沿波浪弧线后滑。

（三）参考练习及注意事项

1. 不穿轮滑鞋，在原地以踝带膝，两脚脚跟撑地，脚跟左右转向练习。注意脚跟不能抬离地面。

2. 滑行过程中重心不可偏于身体前方，否则容易重心不稳而前摔。

3. 双脚保持平行并拢状态，不宜开立过大。

第八章
幼儿轮滑器材研究

第一节　幼儿轮滑护具概述

一、头盔

学习轮滑过程中必须佩戴头盔，以防摔倒时头部受伤。选用头盔时，要根据自己所参加的轮滑运动项目和头部大小而定。戴头盔时应以头、颈部活动自如和任何情况下保证不挡住视线为标准，并将扣带系扣得松紧适宜。

头盔种类：休闲轮滑头盔（呈半球状）、速度轮滑头盔（前后较长的流线型）、极限轮滑头盔（呈半球状）和根据轮滑球运动员在球场上所处的不同位置而设计的不同形状的头盔等。

二、护肘

学习轮滑过程中必须佩戴护肘，以防摔倒时肘部受伤。选用时一般要根据自己肘关节、上臂和前臂的围度面定。在穿戴时，应以上肢和肘关节活动自如为标准，并将扣带系扣得松紧适宜。

护肘的种类：休闲轮滑护肘、极限轮滑护肘和根据轮滑球运动员在球场上所处的不同位置而设计的不同形状的护肘等。

三、护膝

学习轮滑过程中必须佩戴护膝，以防摔倒时膝部受伤。选用护膝时，一般要根据自己所参加的轮滑运动项目、膝关节及大小腿的围度而定。穿戴时，应以下肢和膝关节活动自如为标准，并将加带系扣得松紧适宜。

护膝的种类：休闲轮滑护膝、极限轮滑护膝和根据轮滑球运动员在球场上所处的不同位置而设计的不同形状的护膝等。

四、护腕护手

学习轮滑过程中必须戴护腕护手，以防手腕和手掌受伤。选用时一般要根据自己前臂的围度、手掌的大小及形状而定。在穿戴时，应以手腕、手掌、手指活动自如为标准，并将扣带系扣得松紧适宜。

护腕护手的种类：休闲轮滑护腕掌手套、极限轮滑护腕掌手套、速度轮滑护腕掌手套和根据轮滑球运动员在球场上的不同位置而设计的不同形状的护腕掌手套等多种。

轮滑护具分类见图 8 - 1。

头盔　　　　护肘　　　　护膝　　　　护掌

图 8 - 1　轮滑护具的分类

第二节　幼儿轮滑鞋

一、幼儿轮滑鞋分类（图 8 - 2）

幼儿轮滑鞋按滑轮排列方式分为单排、双排轮滑鞋；按鞋与轮架连接方式分为固定式、拆卸式轮滑鞋；按用途分为休闲、速滑、自由式、轮滑球、极限轮滑鞋。随着各类培训机构以及轮滑运动在幼儿群体中的普及，以单排为主的休闲轮滑鞋成为幼儿轮滑鞋的主力军。

图 8 - 2　幼儿轮滑鞋分类

二、幼儿轮滑鞋的构造及材质（图 8 - 3）

（一）幼儿轮滑鞋的构造

幼儿轮滑鞋通常将其主体部位分为 5 大部分，包括鞋身、内胆、轮架、轮子和制动器等（根据市场需求某些轮滑鞋可不带制动器）。其中鞋身包括鞋壳、鞋面及鞋帮；轮子包括轮毂、轴承等。通常这 5 大部分是可拆分的，但其中有鞋身与内胆一体，也有鞋身与轮架一体的幼儿轮滑鞋。

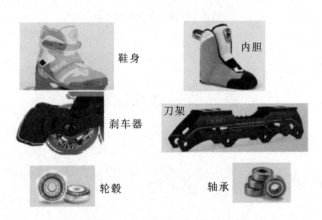

图 8 - 3　幼儿轮滑鞋的构造

（二）幼儿轮滑鞋的材质

幼儿轮滑鞋款式多样，材质大同小异，对于幼儿轮滑鞋的要求以安全舒适为主。鞋壳和鞋帮的材质多以工程塑胶和 PP 塑胶为主，碳纤鞋壳高端材质在市场上较少。鞋面有网布、硬质和纤维皮质材料。内胆多以网布和海绵为主。轮架也就是我们常说的刀架，与鞋身一起的多为工程塑胶和 PP 塑胶，与鞋身分离式的多是合金材质。幼儿轮滑鞋的轮子多是 85A 的 PU 轮，轴承强度普遍是 ABEC-5 以上。

第三节　幼儿轮滑器材功能

一、轮滑护具

1. 鞋身（图 8 - 4）

鞋身是幼儿轮滑鞋的主体部分，具有支撑鞋体的作用，是幼儿轮滑鞋最重的部分。鞋身材质的选择建议以耐磨、耐撞击且较轻便的塑料或其他硬质材质为主。不建议选购全网布材质的幼儿轮滑鞋，网布材质应不低于鞋身裸露面积的 50%，否则幼儿穿上进行轮滑运动时，易引起安全事故。

图 8 - 4　鞋身

2. 内胆（图 8 - 5）

内胆是与幼儿脚部直接接触的重要部分，对于幼儿穿着舒适度以及滑行感具有重要影响。市面上的多数内胆都比较薄，填充的海绵也是材质较差的，不仅穿着不舒服，对于幼儿脚踝也不具备固定作用，对脚脖等部位易造成磨伤与擦伤。在选择合适内胆时，可将手放入鞋中感受内胆填充物海绵的厚度、软度及舒适度。在休闲轮滑鞋中一般多采用记忆性海绵的内胆。

图 8 - 5　内胆

3. 轮架（图 8 - 6）

轮架又称作"刀架"，是滑轮与鞋体承上启下的衔接部位。轮架的选择应注意材质的硬度，材质方面可以选择 PP 塑胶等高强度塑料或 2mm 以上的合金材质。构造方面可以是与鞋壳一体的，但是轮架不能是两片对接式的，两片对接式的轮架几乎无支撑作用，幼儿穿上后便会偏刃，长期穿此类轮滑鞋轻者是脚踝受伤，重则造成骨质增生、O 形腿、X 形腿。

图 8 - 6　轮架

4. 滑轮（图 8 - 7）

滑轮也就是我们俗称轮子，由轮毂和轴承 2 个部分组成。幼儿轮滑鞋的滑轮应选用抓地力较强的 PU 轮，并搭配 ABEC-7 以上的轴承，滑行感将更好，同时相比其他轮子不易摔跤。

图 8 – 7　滑轮

三、轮滑鞋的选择

（一）材质的刚性较强

一双轮滑鞋好或不好，首先要看它材质的刚性如何。运动员或练习者应尽量为自己选择一双刚性较强的轮滑鞋。鞋的刚性大致可从鞋的两个部位来加以判断：轮滑鞋的脚踝部位，这一部分是滑行中支撑人体绝大部分体重的重要部位，必须有一定的硬度才能保证练习者完成正确的技术动作，并且保证练习者在练习中跌倒时鞋子不会弯曲变形，能够有效地使脚踝和小腿固定，防止伤害事故发生在轮滑鞋的底座，即轮滑鞋底的轮架和轮子。

（二）"关节点"灵活

要选择"关节点"（脚踝后部）灵活的轮滑鞋。在练习轮滑时，脚踝应该可以自由屈伸和内外旋转，这样才能随心所欲地运用腿部和脚踝的力量，为完成轮滑技术动作提供保证。

（三）穿着舒适

轮滑鞋内部应柔软，穿着舒适，并且对脚和脚踝有很强的包覆性。否则，不但穿着不舒服，严重者还会导致脚伤，进而影响技术动作的发挥和练习的兴趣。

第九章
幼儿轮滑竞赛组织与管理

第一节　幼儿轮滑竞赛组织概述

一、幼儿轮滑赛事理念

赛事理念是赛事发展的内在驱动力，对赛事发展方向具有引领作用，先进的理念能够促进赛事更好地发展。幼儿轮滑赛事在追求让更多的幼儿参与到轮滑运动中来，让更多的幼儿感受轮滑的趣味，让更多的幼儿可以接触轮滑运动、感知轮滑运动的乐趣，积极推广轮滑运动在全国各地的发展，幼儿轮滑赛事是将轮滑赛事与运动、乐趣、冒险和文化等融为一体，使幼儿在比赛中感知轮滑运动乐趣的一项趣味赛。

二、幼儿轮滑赛事管理

专业、规范的赛事管理是促进赛事开展的重要因素之一。赛事管理团队拥有设计成熟的管理体系和方案，能保障轮滑赛事成功开展。如果是大型的赛事应具有规范化的赛事资格审查与签约管理制度。提前对赛事进行推介，并进行分站赛申请城市的资格审查与签约。在每站比赛开始前，需要亲自对举办地进行实地勘察，保证办赛条件达到办赛要求。成立组委会并制定缜密的赛事管理流程，以制度的形式要求各分站赛事组委会成立专业的赛事运营团队，组建包括综合部、竞赛部、宣传部等部门。对赛事宣传、赛事组织、赞助商招商与管理、安保管理、志愿者培训、开闭幕式演出等进行统筹安排，严格实施赛事管理流程。

三、幼儿轮滑赛事营销

赛事营销水平的高低，直接决定赛事的盈利水平和后期发展动力。可以根据参赛者和观众的产品需求、购买行为等进行统计分析，并根据结果精心挑选最适合的冠名商和赞助商，为赛会确定最佳商业运营方案。通过赛会招商、冠名、商业团体资金或实物赞助、赛会纪念品零售、赛事旅游推广等实现营销"收益最大化"。本着互惠互利共赢原则，可以在实现主办方、承办方高收益的同时，最大化保障冠名商和赞助商收益。可在物品领取处设立产品展位，便于在赛会现场以赛事名义对其产品进行营销。在入场地带、比赛场旁等可设立带有冠名商和赞助商标识的赛事广告展板，并在赛事直播过程中插入产品广告，提高品牌知名度。实现冠名商和赞助商的最大营销收益，可加深冠名商和赞助商与比赛方的合作意愿，为长期合作共赢打下坚实基础。

四、幼儿轮滑赛事的运作

强化专业化赛事管理，要精心计划、严密部署，制定科学管理流程。严格按照计划、组织、指挥、协调及控制等管理程序执行轮滑赛事管理。

首先，应引进和培养既懂管理又精通赛事运作的复合型人才，成立严密的组织机构，开展赛事管理工作；其次，严格按照管理流程进行赛事组织管理，建立以时间为节点，以目标为导向的赛事管理流程，将赛事通告、安全保障、赛事执行等内容体现在流程图中，并严格按照流程认真开展工作；最后，落实责任主体，按照人尽其才的原则，安排人员工作岗位。并强化权责对应，使赛事组织工作沟通顺畅、协作顺利，提升工作效率，降低办赛成本。

五、幼儿轮滑赛事举办的原则

（一）针对性原则

需要了解此次比赛的意义是什么，有针对性地设置比赛项目和比赛规则。

（二）趣味性原则

在设立一些项目的时候因为是针对幼儿，所以可在比赛中设立一些有趣的项目去吸引幼儿参加，使他们更积极地参加比赛且增大轮滑项目的兴趣。

（三）安全性原则

在比赛中难免出现各种受伤及特殊现象，所以为减少该现象在安全措施上必须得到重视，在比赛中必须要有医护人员随同，必要时还需救护车在旁等待。在比赛中也必须严格按规章制度来，例如在起跑时很容易出现抢道现象，这可能出现绊倒受伤，所以在比赛时必须做出要求，减少发生受伤情况的概率。

（四）公平性原则

公平竞争是运动竞赛的生命，要科学制定规则，并严格按照规则组织比赛，确保所有参赛者能公平竞技，比赛规则是判定参赛者参赛行为是否适当的权威准则，是决定比赛结果的标尺，在比赛难免出现对抗、冲突需要裁判员实施裁决，那就必须要有这把标尺。

六、幼儿轮滑赛事作用

（1）通过参加轮滑比赛，培养孩子积极进取、勇敢坚强的优良品质。

（2）通过开展轮滑亲子比赛活动，有利于加强家长与孩子之间的情感交流，以及增强孩子之间、家长之间、老师与幼儿、老师和家长之间的沟通机会。

（3）可以发展孩子动作的协调性和灵活性，促进身体全面发展。

（4）通过轮滑活动，培养孩子与父母或同伴共同克服困难的精神，培养孩子参加轮滑运动的兴趣，亲身体验轮滑运动的魅力。

（5）轮滑赛事更加亲民，让更多人参与比赛，乐享比赛。培育大量赛事"忠实"粉丝，提高赛事知名度，形成赛事品牌效益，也可以吸引更多人参与到轮滑这项目中来。

第二节　轮滑竞赛组织结构分析

一、文秘部

（一）办公行政事务工作

负责组委会会务工作，编写会议纪要，检查落实会议布置的工作；负责组委会各类文件、简报和信息的审核草拟、文印，来往公文的收发、处理、保管及归档、上进；拟办组委会工作计划、总结及大事记；协调各部室工作；票务管理工作及组委会票务工作；负责协调联络有关领导的工作；负责组委会领导的礼宾活动安排及草拟领导同志的重要讲话；负责做好开闭幕式仪式程序的组织和协调其他重要活动的组织实施；负责组委会总值班室和文印工作。

（二）新闻宣传报道工作

负责新闻宣传报道工作的部署和开、闭幕式等重大活动的报道方案的制定及组织落实；组织好开、闭幕式电视屏幕和代表用人场的解说词的编写和开、闭幕式、赛事的直（录）播工作；负责国内外文字、摄影记者和广播电视记者的报名、接待和管理；负责新闻发布工作；负责记者手册、记者乘车手册等资料的编印、发放；负责会刊、会报的组织工作。编写和下发宣传提纲、宣传口号。指导比赛场馆和重点地区的环境宣传；根据国家体育总局制定的体育道德风尚奖评选方案，会同竞赛部制定实施细则，组织评选工作及奖品的计划和制作。

（三）大型活动组织工作

制订开、闭幕式总体计划和实施方案；组织开闭幕式文体表演的创编、训练、彩排和演出；做好开、闭幕式仪式程序的安排落实；协同竞赛部做好闭幕式颁奖工作，负责比赛场馆的文明观众、文明啦啦队的组织工作。

（四）人事审计监察工作

制定组委会的机构设置及人员配置方案；根据组委会决定，承办工作人员调配工作；负责组委会工作人员资格审核；拟定并实施工作人员的补贴办法。依照国家对审计工作的有关条例，对财务收支和有关经济活动进行内部审计、监督，独立行使内部审计职权，根据廉政法规条例和规章要求，对组委会成员及各部门工作人员进行党风廉政建设教育和遵纪守法情况进行检查报，并进行检查，提出处理意见。

二、竞赛部

（一）场馆准备工作

负责按标准、规范对比赛场馆进行检查、监督；负责对新建、改建比赛场馆的验收、接管工作的检查和督促；负责对场馆特殊设备的增补、采购。

（二）竞赛组织工作

负责竞赛工作的组织与实施，印发竞赛规程总则和竞赛规程；编印竞赛情况简报及竞赛有关资料；安排竞赛日期、地点、赛程。制定比赛总赛程表、安排表。编印竞赛秩序册、成绩册；负责提出各项竞赛承办地点及各项目竞赛场地设备及器材规格要求，协同行政部门编制计划和落实，并进行检查验收；制定有关竞赛工作人员职责；负责各项竞赛奖杯、奖章、奖状和证书。制定各项颁奖计划和实施方案；负责做好技术官员、仲裁委员、裁判员和竞赛工作人员的聘请，对裁判员、竞赛工作人员进行培训并会同行政部制工作服装；参赛运动员资格审查和报名注册工作；汇总、核定各项比赛成绩，发布每次成绩公报，编印总成绩册，审理创、超纪录成绩并办理审校事宜；负责开、闭幕式及比赛期间的气象资料的提供和预报工作。

三、服务保障部

（一）来宾接待工作

负责重要领导和贵宾及随行人员的接待，安排出席开、闭幕式及其他重要活动，负责起草领导出席各项重大活动的重要讲话，制定各位领导的活动日程方案，并组织落实；负责各代表团团部、内宾和组委会的食宿安排，负责各代表团联络员的管理安排，协助有关部门做好其他人员接待安排工作；负责贵宾及与会人员离会、返程的交通票务工作。

（二）后勤保障工作

拟定有关财务管理制度，核拨和管理经费开支；负责后勤物资的采购、发放、管理。负责大会结束后有关器材、物资的清理及赛后处理工作；协助有关部门落实膳食的特需供应；协助有关部门做好大型活动的行政后勤工作。负责组委会车辆及司机的征集、调配与管理；负责与有关部门商洽交通相关减免路桥费、停车、制作大会专用车证等问题；制定医疗救护、卫生监督防病和性别检查的工作方案；指导、检查、督促做好赛区及驻地的医疗救护、食品卫生、饮用水卫生、旅业卫生、环境卫生、疾病预防控制和除害防病等工作；负责组委会组织的大型活动的现场医疗救护、卫生监督，及组委会负责接待的驻地医疗保健、卫生监督，协调做好预防与控制传染病等工作；负责电子信息服务和通信保障工作。

（三）安全保卫工作

制定安全保卫总体方案，开、闭幕式和场馆、住地安全保卫、交通、警卫、消防、处置突发事件等具体工作方案，并组织实施；负责会议期间和筹备期间各项重大活动的安全保卫工作；负责各赛区安全保卫工作的检查、督促和指导；按照治安、消防、交通等方面的安全要求，负责对各场馆、设施进行检查、验收；负责所有证件的设计、制作、审核、发放和管理工作；对大会使用的所有车辆进行安全检查，并负责对安全保卫人员和司机进行技能培训和安全教育。

第三节　幼儿轮滑竞赛组织案例

一、比赛组织

（一）主办单位：湖南省体育科学学会

（二）支持单位：长沙师范学院体育科学学院

（三）协办单位：幼儿体育产业创新创业教育基地、湖南省健康中国与幼儿体质促进研究基地、湖南省幼儿体质促进与健康教育科普基地、儿童健

康教育与体质促进创新创业教育中心

二、比赛时间、地点、经费

（一）比赛时间：2021 年 6 月 6 日

（二）比赛地点：长沙县县政务中心后坪

（三）比赛经费：

1. 各参赛运动员向组委会交纳每个项目 70 元/人，每人 5 个项目合报总计 300 元/人参赛费。

2. 各参赛队人员交通、住宿、伙食费自理，由赛会承办单位推荐食宿地点，供各参赛队自行选择。

3. 赛会官员、仲裁委员、技术代表、裁判长和骨干裁判员的食宿费及往返赛区交通费由赛会负担。

4. 各参赛单位交纳"参赛抵押保证金"1000 元。对在赛会期间未违反赛会纪律规定以及运动员参赛资格等问题的代表队，其"参赛抵押保证金"赛后将如数退还。

三、参赛单位

各市、县（市、区）各级幼儿园或个人自愿报名参加。

四、比赛规则

（一）比赛分组：中班组、大班组

（二）比赛项目：幼儿花式过桩、幼儿趣味障碍赛、幼儿轮滑定向挑战赛、幼儿轮滑接力赛、速度轮滑（200/400 米）

（三）项目规则

1. 幼儿花式绕桩

（1）每次出发 1 位幼儿，每排设置 20 个间隔 80 厘米的轮滑桩，共 2 排。幼儿从 1 * 2 米的出发区出发开始计时，使用规定花式绕桩动作完成来回共 40 个轮滑桩，在最后一个轮滑桩计时结束。

（2）途中每漏、撞 1 个桩罚时 0.5 秒，取用时最短获胜。

（3）规定花式动作：花式绕桩一级动作为单脚绕 s 滑行、双鱼滑行，花式绕桩二级动作为前蛇滑行、前剪滑行。中班组及大班组可自选一级或二级花式动作。

2. 幼儿趣味障碍赛

（1）每次2位参赛队员同时出发，发令后计时，按照线路完成所有障碍到达终点方才算作计时结束；用时最短者胜。

（2）共设5项障碍，包括刹车、爬、跨、绕、钻等。如途中遗漏，每个障碍罚时1秒，每项障碍罚时15秒。如未使用规定动作通过障碍罚10秒。

（3）不得抢跑，一次抢跑吹回，二次抢跑罚时5秒；摔跤后继续滑行，不予重赛。

（4）赛道全长80米左右，前70米设置两个障碍赛道，冲刺区为相同的一个10米赛道。

3. 幼儿轮滑定向挑战赛

（1）每次4位参赛队员同时出发，运动员根据地图按照顺序依次寻找任务点道。

（2）不得干扰其他队员比赛，不能破坏或者隐藏各点位。

4. 幼儿轮滑接力赛

（1）以各幼儿园为单位，每个园所选取十位幼儿，组成一支接力队，参赛幼儿园可组成2~3队。

（2）当每队不足10，但大于5人时，该队可自行安排本队幼儿滑行2圈。但每队单个幼儿不得滑行超过2圈，且单个幼儿不得连续滑行2圈，必须间隔1名幼儿以上。

（3）每位幼儿滑行1圈，滑行1圈后将接力棒交与下一位幼儿，在滑行过程之中不得偏离跑道，不得推搡。单个幼儿每次偏离跑道全队罚时3秒，以此类推。故意推搡影响或其他方式影响他队，罚时20秒；情节严重，影响较大，该队取消成绩。

（4）每次出发3个参赛队，发令后计时，当第10位幼儿到达终点时停止计时。摔跤后继续滑行，不予重赛。取总用时最短者获胜。

5. 幼儿速度轮滑（200米、400米）

（1）每轮比赛出发5名幼儿，幼儿从弧形起跑线后准备，发令后计时，当幼儿冲过终点线时停止计时。

（2）幼儿速度轮滑场地200米的椭圆形跑道，单个弯道长度42.16米，单个直道长度57.84米，弯道跑道宽8米。

（3）起跑线在直弯道分界线的23.92米位置，在没进入第一个弯道时只能在自己赛道比赛，如在这之间出现改道或者抢道行为则取消比赛成绩，视为成绩无效。

（4）若再进入第一个弯道时如果有参赛队员摔倒可吹回。

（5）该比赛分为预赛、预决赛和决赛的形式进行。预赛采取小组前一二名进入预决赛，如果在预赛中小组中第一名有成绩相同的，则只取小组第一进入预决赛，如果小组中第二名有成绩相同的则都不晋升。预决赛根据随机分组，通样采取小组前一二名进入预决赛。最后决赛根据预决赛成绩排名从最后一名开始往上每5人一组比赛，最终依据用时排名。若有成绩相同裁判根据情况是否申请复赛。

五、名次录取与奖励

所有参加小朋友必须佩戴齐全头盔护具等装备，佩带不齐全者，不予以参加；赛前必须做统一安全提示；该比赛为计时排位赛，该项目不分性别组别，重在体验玩乐。

（一）录取名次

湖南省第三届幼儿轮滑趣味赛分别录取个人项目及团体项目。具体如下：

1. 个人项目

各组别单项录取一等奖（1~6名）、二等奖（7~12名）、三等奖（13~18名）。各组别获奖运动员颁发奖状证书，单项前3名颁发奖牌及证书。

2. 团队项目

团队项目录取1~8名，获奖运动员颁发奖状证书，单项前3名颁发奖牌及证书。

3. 团体成绩

以每队成绩幼儿花式过桩及幼儿趣味障碍赛2个单项，前5名的最好成绩合计总时间最少的名次列前，时间相同以单项第一名多者列前，再相同以第二名多者列前，以此类推。比赛成绩不能满足合计成绩要求的队，不计算团体成绩。计算团体成绩时，团队项目幼儿轮滑接力赛按2倍成绩纳入，当单个单位有多支参赛队伍参加团队项目时，取该单位成绩最好的参赛队记入。向获得团体奖的参赛单位颁发奖杯。

4. 大会设"最佳组织奖""优秀团队奖""体育道德风尚奖""优秀裁判员""优秀教练员"。按实际单位及人数的 30% 比例评选，不足则按实际数量颁发。向获得"最佳组织奖""优秀团队奖""体育道德风尚奖"的单位颁发奖匾，向获得"优秀裁判员""优秀教练员"的个人颁发证书。

六、比赛报名

（一）参加办法

1. 以幼儿园组队参加比赛，每幼儿园可报多支代表队，每队可报领队 1 人，教练员 2 人，保育员 1 人，运动员 20 人。

2. 参赛队员年龄分组：中班组（2016.1.1 至 2016.12.31 出生）；大班组（2014.9.1 至 2015.12.31 出生）。

3. 参赛幼儿运动员必须是经二级以上医院体检、并有医院盖章和医生意见与签名、证明其身体健康者。其《体检证明》在比赛报到时提交。

4. 各参赛幼儿园统一赛事组织方，于报到时交验全体参赛人员保险单据，否则不得参赛。对所有参赛人员在比赛期间及往还赛区途中发生的"人身意外伤害事故"赛会不承担责任。

5. 参加幼儿轮滑趣味赛的运动员要求穿运动服饰，佩戴安全护具。

（二）报名时间与办法

1. 各参赛单位 2021 年 5 月 20 日完成网上报名与缴费，本次缴费为网上缴费。

2. 5 月 25 日 9 点至 12 点各学校提交以下材料：

（1）代表队报名表电子文档，报名表必须使用本规程统一表样，打印稿在比赛报道时提交，运动员姓名必须与其本人身份证一致，否则不予受理报名与办理保险手续。

（2）交运动员的近期 1 寸免冠同底彩色照片（电子稿）、领队、教练员、队医 1 张（电子稿）（在每个照片下面必须注明单位、姓名。全部照片放在一张 A4 纸上）。

（三）报到与须知

1. 技术代表、裁判长、裁判员报到时间与地点另行通知。

2. 各代表队报到时交验下列材料后方可领取参赛证：

3. 参赛运动员的学籍证明。

4. 参赛运动员的《体检证明》。

5. 各参赛单位交团旗 1 面（1.6×2.4 米），颜色不限。

6. 代表队入场式解说词（100 字以内的打印件）1 份。

七、仲裁委员、技术代表、裁判员的选派

1. 仲裁委员会、技术代表、裁判长、裁判员由大会聘请。

2. 辅助裁判员及工作人员由承办单位选派。

八、其他

（一）各代表队全体人员必须购买"人身意外伤害"保险，对所有参赛人员在赛会期间及往返赛区途中发生的"人身意外伤害事故"赛会不承担任何责任。"人身意外伤害"保险费用另外缴纳组委会，由组委会安排统一购物。

（二）未尽事宜，另行通知。

（三）联系人及电话。

（四）报名费缴费方式：各代表队统一微信或支付宝支付。

大会组委会

2021 年 4 月 20 日

第十章
幼儿轮滑游戏研究

第一节　幼儿轮滑游戏内涵研究

　　轮滑游戏是按照一定的目的和规则组织的轮滑活动，是有意识、有组织、有创造性和主动性的轮上运动。轮滑游戏的规则性是在原始的游戏中传承，又在创编实践中创新的；轮滑游戏的竞争性可以调动人们参与轮滑运动的积极性，是运动和目的的统一，合理地运用轮滑游戏能有效辅助教学目标的实现。轮滑是一项具有"游离支点"特征的复杂运动项目，具有较强的趣味性的同时也具有一定的危险性，所以轮滑游戏在创编的时候，需要遵循安全性、科学性和实效性，且设计理念要明确，理念是否明确，将直接影响应用的效果。除此之外，创编轮滑游戏还应具有明确的项目特点和针对性，专门性的游戏内容可以充分体现轮滑游戏的功能和价值。而对创编轮滑游戏的理念及设计要素的探讨，目的是充分挖掘轮滑游戏在轮滑运动发展中的作用。

一、幼儿轮滑游戏创编的价值探讨

　　轮滑游戏应服从幼儿轮滑教学发展的需要，任何一种体育游戏的选择都具有一定目的性，幼儿课堂教学中的游戏教学法与课堂教学内容密切联系。在游戏活动过程中，人们根据教学目的、任务的需要选择适当的游戏内容，制定游戏规则。体育游戏法是一种积极有效的身体锻炼方法，经常参加游戏活动，能增强幼儿的体质，发展幼儿的基本活动能力，为掌握正确的运动技术打下坚实基础。注意不同年龄阶段幼儿的身心发育特点，满足幼儿的兴趣爱好和需求。

在教学中，尤其是在基础教学的初期，一些教师往往会轻视或忽视一些重要的基础技术动作的教学，其直接结果就是影响轮滑教学质量的提高。轮滑运动在相对不稳定的轮滑鞋上完成多种技术动作，这要求脚踝力量和身体平衡的相互协调，而这要求幼儿有比较扎实的基础动作，因此，在进行轮滑教学时，一定要重视基础技术动作的教学。而在实际教学中，学习基础技术动作是非常枯燥的，幼儿很难从中找到乐趣，从而影响了学习的质量。如果在教学中引入幼儿轮滑游戏和竞赛机制，就会使幼儿在轻松愉快的氛围中融入技术动作的练习，进一步提高反应能力和应变能力。因此，如果幼儿轮滑游戏创编定位合理，将会给幼儿带来极大的促进作用，具体可从以下方面进行探讨：

（一）对幼儿心理的影响

竞争与合作意识是人类生存的需要，也是推动社会发展的动力。幼儿轮滑游戏是培养幼儿竞争意识和合作精神的有效途径。幼儿轮滑游戏的最大特点就是竞技比赛，比赛是表现竞争性最为直观、最为激烈、最为清晰明显的社会现象。通过幼儿轮滑游戏鼓励幼儿全力以赴，克服困难，取得胜利。幼儿的心理发展是一个逐步完善的过程，不但受外界环境影响，而且受自身因素的制约。在幼儿轮滑教学中，运用幼儿轮滑游戏，使幼儿在游戏参与过程中体验到竞争与合作、失败和成功，对于改善幼儿的心理状态，提高心理素质能起到积极的作用。由于幼儿轮滑游戏形式的多样性和游戏环境的多变性等特点，对于幼儿团结、友爱、热情好助等个性品质的发展也有积极促进作用。

（二）对幼儿群体意识和创新精神的培养

幼儿轮滑游戏要求幼儿集体参加，同心协力，有助于培养幼儿集体主义情感。幼儿轮滑游戏内容丰富、形式多样，可以根据实际情况调整游戏规则。幼儿在游戏的过程中，思维处于活跃状态，通过扮演不同角色完成游戏任务，幼儿轮滑运动中的角色也就是指个人在由体育而结成的关系中所处的地位。这种地位有其权利、义务和相应的行为要求。每一个角色，都代表着相关的行为期望与规范。幼儿参加幼儿轮滑游戏，既要考虑游戏规则对游戏本身的制约因素，又要处理好自己和同伴之间的合作，这需要幼儿具有团结协作的集体主义精神。因为幼儿轮滑游戏会以其特有的内容、情节、形式、规则及要求等因素，去陶冶幼儿的情操，培养出勇敢顽强、机智果断、团结协作、遵守纪律、不畏艰苦和拼搏奋进等优良品质。同时，这些积极性的思维对幼儿的创新能力将会产生很大的影响。幼儿轮滑游戏能有效地提高人的中枢神经系统、运动系统及内脏器官的生理机能水平，对全面发展幼儿的身体素质和掌握运动技能有着积极的作用；能培养幼儿遵守纪律、团结互助的集体主义精神和勇敢、顽强、机智、果断等优良品质和作风，又能提高学习积极性，活跃教学气氛，是进行体育教学的一种行之有效的方法。

二、幼儿轮滑游戏创编的原则

幼儿轮滑游戏的创编原则是幼儿轮滑游戏创编过程客观规律的反映，是人们在创编幼儿轮滑游戏的实践中积累起来的，具有普遍意义的经验总结和概括，是创编幼儿轮滑游戏必须遵循的准则。只有了解和运用好幼儿轮滑游戏的创编原则，才能创编出高质量的幼儿轮滑游戏。创编幼儿轮滑游戏应遵循以下原则：

（一）锻炼性原则

锻炼性是幼儿轮滑游戏最本质的特征。应根据幼儿生理、心理和幼儿实际活动能力等特点来确定相应的运动负荷量、动作难度和活动方式；根据各班人数、时间、场地、器材等条件来确定个人活动占时数和单轮活动的占时总数及游戏活动的路线等创编游戏规则较简单、活动方法较实用，游戏过程中不造成费解、费时的行为。总之，幼儿轮滑游戏创编要有趣味、富有吸引力、简单易行，做到在较短的时间内取得较大的锻炼效果。在幼儿轮滑游戏的创编中，教师一定要注意贯彻锻炼性原则，即娱乐是手段，锻炼是目的。幼儿园的孩子们身体各器官系统正处于迅速发育的阶段，在创编幼儿轮滑游戏时要注重力量、速度、耐力、灵敏和柔韧性等身体素质发展的全面考量，要制定与幼儿年龄等具体情况相适宜的运动量和运动强度。在幼儿轮滑游戏的创编中有意识地增加幼儿跑、跳、投以及身体协调性的能力练习，有助于增强和完善幼儿身体主要器官、系统的功能，促进幼儿正常的生长发育和机能的协调发展。

（二）教育性原则

幼儿期不仅是智力早期开发的重要阶段，同时也是塑造幼儿良好道德品质的关键时期。游戏是幼儿喜爱的活动，他们在游戏中感到轻松愉快，具有最佳的心境，而人往往是在心情愉快的时候，最容易接受别人的意见和劝告。因此，幼儿轮滑游戏作为幼儿健康教育课程的一项重要内容或一种辅助手段，不仅应具有锻炼身体的价值，而且还应具有思想教育的价值。要有意识、有目的地促进幼儿身心的全面发展。幼儿轮滑游戏的教育作用必须与游戏的内容、方法、组织形式等有机结合，融为一体，寓教育于游戏活动之中，如：为培养幼儿顽强的意志品质，或为培养幼儿团结合作的集体主义精神的，或为培养幼儿的思维能力和创造能力的游戏。千方百计地启发幼儿的思维，培养其创造能力。所以在幼儿轮滑游戏创编时，应考虑如何让幼儿通过相互合作去体验成功的喜悦，通过参与轮滑游戏，培养幼儿关心集体、团结协作、爱护同伴、积极上进、勇敢坚强、克服困难、遵守纪律等优良品德。

（三）趣味性原则

趣味性是幼儿轮滑游戏的一个显著特性，是幼儿参加轮滑游戏的主要动力。幼儿大脑皮质的兴奋和抑制不均衡，兴奋点易转移，注意力不易集中。而趣味性是幼儿轮滑游戏的又一本质特征，如果幼儿轮滑游戏缺乏趣味性，将从根本上失去对幼儿的吸引力。为了提高幼儿轮滑游戏的趣味性，应根据不同幼儿的特点和素质、技术及智力水平，在游戏的竞争性、动作的设计、胜负的判定以及游戏的情节等方面多下功夫。因此，在幼儿轮滑游戏创编时，要根据幼儿的心理特点，设法增加轮滑游戏的趣味性，保证游戏的娱乐功能，从而间接地保证了游戏的锻炼性。幼儿轮滑游戏的创编还应创设多种情景模式，增加游戏的竞争因素，采取寓教于乐的方式，以抓住幼儿的心，从而延续发展幼儿对轮滑运动的兴趣。轮滑游戏的形式只有变化多样、趣味性强，才能引导幼儿无意注意的指向与集中，使游戏教学取得较好的效果。

（四）启发性原则

幼儿轮滑游戏在培养幼儿的思维能力和创造能力方面具有特殊的功能。因此，在创编幼儿轮滑游戏时，应当认真贯彻启发性的原则，克服把一切都规定得很死板的做法。这样才有利于培养幼儿的思维能力和创造能力，给幼儿创造施展聪明才智的机会。

（五）安全性原则

促进幼儿的身心发展，是幼儿轮滑游戏的根本目的。因此，在创编幼儿轮滑游戏时应特别注重贯彻安全原则。要注意游戏中设计的动作是否容易引起伤害事故，游戏的组织教法是否合理，规则的制定是否严谨，跑动的路线及场地的安排是否注意了安全因素等。安全第一也是对幼儿体育教育工作中各项具体活动的普遍要求，在幼儿轮滑游戏的创编中，更应强化安全第一的观念。这就要求教师在创编幼儿轮滑游戏时，一定要充分考虑幼儿的年龄、运动能力等因素，合理利用场地和器材资源，对动作的可行性、安全性进行科学分析，按幼儿的承受能力来设计轮滑游戏。要注意创编游戏前作周密思考，游戏进行中要加强规范管理，以防患于未然。轮滑游戏使用的教具和装备要考虑全面，保证安全，确保整个游戏的空间、场所、环境没有任何尖锐的棱角和坚硬的器具，不会发生撞击或刺伤的情况。

（六）均等性原则

要充分发挥幼儿轮滑游戏的作用，在创编幼儿轮滑游戏时，必须贯彻均等性的原则。要使参加游戏的幼儿在活动的内容、时间，发挥体力、智力，接受教育及争取胜利的可能性上，具有均等的机会。

（七）针对性原则

幼儿轮滑游戏是一种有意识、有目的的教育活动，只有根据参加者的年龄、性别、生理、心理特点以及身体素质训练水平，并紧密结合课程的内容和任务，有的放矢地创编幼儿轮滑游戏，才能达到预期的效果。幼儿轮滑游戏创编要有明确的目的性、针对性，要根据需要进行创编。创编幼儿轮滑游戏时要以教学任务为依据，充分考虑幼儿发展的年龄特点，将轮滑各项基本技术有机地融入游戏当中，引导幼儿循序渐进地练习，锻炼幼儿的轮滑基本技术。在创编轮滑游戏教授幼儿轮滑基本技术时，要充分考虑技术的难易度以及各年龄段幼儿的可接受程度。对于小班幼儿应以丰富多彩的轮滑游戏为主要运动形式，教师可以提出原地轮滑和滑行的基本要求，并创编相应的游戏，引导小班幼儿模仿练习，既培养孩子们的滑行感，又增强他们的手脚协调性。对于中班幼儿，在创编轮滑游戏时可以设计一些丰富多彩、具有挑战性的游戏，例如在创编游戏时，运球过障碍并且投篮可以创设"喜羊羊绕过灰太狼成功跑回羊村"等游戏情境，提高幼儿的练习兴趣，增强幼儿对轮滑鞋的掌控能力。大班幼儿通常充满了对比赛的渴望，那么针对大班幼儿，可以考虑创编"轮滑竞赛游戏"等，这样既可以培养幼儿的合作能力，也可以培养他们基本的轮滑滑行意识。

（八）发展性原则

由于3~6岁的幼儿在身体、心理等方面具有明显的差异性，因此他们在幼儿轮滑游戏中表现出来的行为也不同。在创编幼儿轮滑游戏时可参考下列表格中的内容。

表 10 - 1 不同阶段幼儿轮滑游戏的基本要求

项目	小班	中班	大班
内容动作	内容简单、动作简单	内容开始复杂，喜欢有情节的游戏和追逐性的游戏	喜欢竞技性的游戏和内容丰富，将体力与智力相配合的游戏，动作增多，难度加大
情节	简单	复杂性增加	较复杂
角色	少，多为幼儿熟悉的角色	增多	较多，与情节的关系更复杂
规则和要求	简单，不带限制性	较复杂，带有一定的限制性	较复杂，限制性较强
结果	幼儿不太注意	幼儿有所注意	喜欢有胜负的结果
活动方式	集体做同一动作，共同完成一项任务	出现两三个人合作的游戏	合作性游戏增多，增加了组与组的合作。

三、幼儿轮滑游戏创编的措施

随着社会的发展、教育观念的转变，教育已从传统教育向素质教育转变。体育课程标准指出，要贯彻"健康第一"的指导思想，充分照顾到幼儿的主体地位，关注幼儿的个体差异，确保人人享受体育的乐趣。可见幼儿轮滑游戏是发展身体基本活动能力，促进思维和心理素质的发展，进行思想教育的重要教学内容。游戏是一门综合性较强的课型，深受幼儿的普遍欢迎，在教学中灵活运用幼儿轮滑游戏，有利于调节幼儿的情绪，活跃课堂气氛，激发幼儿学习的热情和求知欲，能有效地导入正课的学习，有利于提高教学效果，因此，我们要重视轮滑游戏在幼儿轮滑教学中的应用。要搞好幼儿轮滑游戏的教学，首先应懂得如何创编游戏，就如何根据教学内容的需要和幼儿的实际情况创编幼儿轮滑游戏，本书提出了以下建议。

（一）精心设计、注意目的性

明确为什么要创编这个幼儿轮滑游戏。做任何事情只有目的明确、方法得当，才能行之有效，幼儿轮滑游戏也不例外。幼儿轮滑游戏是一个有目的、有意识的活动，其主要目的是增强体质、增进健康。不同的轮滑游戏有不同的侧重点，有的重视提高素质、掌握技能，有的是为了提高心理素质和道德品质，有的重在发展体力和智力，有的侧重于调节情绪和休闲娱乐，还有的是为了培养幼儿的团队合作能力，等等。由于幼儿轮滑游戏是人类有意识的活动，因而在游戏活动的过程中，人们可以创造性地发展游戏的内容，制定游戏的规则、难度，不断地创造出新的游戏。合理地制定幼儿轮滑游戏应从以下方面来考虑：

（1）运用幼儿轮滑游戏进行准备活动的目的是使幼儿从心理上和生理上为课程的基本教学部分做准备，通过准备活动表现出良好的身体机能状态和心理状况，把幼儿的兴奋点调节在一个适宜的状态，以便接下来的幼儿轮滑教学顺利进行。

（2）在轮滑技术教学中，正确运用游戏法，可以改变单一枯燥的练习形式，提高幼儿的学习兴趣，在变化的情况下强化动作技能，促进动力定型的形成。例如：轮滑教学中"一人滑行""小组滑行""滑行运球"等游戏使轮滑的基本技术游戏化，灵活了教学方法，增加了练习的趣味性，吸引幼儿全身心投入，这样更有利于掌握动作技能。

（3）游戏法用于整理活动，有助于消除疲劳，促进身体机能尽快恢复，使人体更快地由紧张状态过渡到相对安静状态，整理活动的游戏内容和形式力求做到轻松、活泼、精彩、幽默，使机体的生理、心理得到放松。

（二）新颖别致、注意趣味性

趣味性是幼儿轮滑游戏的又一本质特征，如果幼儿轮滑游戏缺乏趣味性，将从根本上失去对幼儿的吸引力。为了提高幼儿轮滑游戏的趣味性，应根据参加幼儿轮滑游戏的人群特点和素质、技术及智力水平，在游戏的竞争性、动作的设计、胜负的判定以及游戏的情节等方面多下工夫，提高动作设计的趣味性，主要是看动作设计是否新颖、惊险（惊而无险）和有一定难度。所以幼儿轮滑游戏的创编，应从提高其娱乐性、趣味性出发，要使游戏具有娱乐性、趣味性应从以下两方面来考虑：

1. 增强游戏的竞争性

增加幼儿轮滑游戏的竞争性，主要从游戏的活动形式和分组两方面考虑。一般来说，各种内容和各种形式的接力游戏，竞争较为激烈，而实力大致平衡的分组是公平竞争的基础、趣味竞争的保证。幼儿轮滑游戏与其他体育活动一样具有较强的竞争性，但游戏获胜的因素是多种多样的，可以比能力、比技巧、比智力、比运气、比互相协作、比集体力量、比应变力、比勇气……既斗智又斗勇；既有体力的较量，又有技能的发挥；既要个人的表现，又要集体的配合；既有规定条件的限制，又有比赛机遇的把握。轮滑游戏的多种竞争性，使所有人都有成功获胜的可能，并向强者提出了新的挑战，给所有参加者都创设了夺标的希望和参与的乐趣。总之，创编幼儿轮滑游戏要充分运用其竞争性，不断提高其趣味性，以确保每一个幼儿受益。

2. 提高游戏的新颖性

一个游戏长期进行，久而久之，幼儿会感到乏味、厌烦。在教学中，幼儿轮滑游戏的内容应全面丰富、形式多样。既有徒手操，又有器械操；既有原地的，也有行进间的；既有单人的，也有双人或集体的；既有一般练习的，又有模仿、诱导或辅助性的专门练习。这样的内容容易使幼儿感到新颖有趣，既提高神经系统兴奋性，又激发了幼儿的运动欲望。

（三）正确评价、注意鼓励性

幼儿做完轮滑游戏后，教师要及时给予充分肯定的评价，在充分肯定的同时要指出不足，提出期望。切不可对不会的幼儿白眼相待，讽刺挖苦，也不能无原则地赞美。教师应给每个幼儿以成功的体验，又指明努力的方向。游戏时给他们一个微笑、一个鼓励、一个宽容，帮助孩子在心理上营造一种愉快的氛围，使他们乐学、愿学。

除此之外，还应注意安全及运动量。如果无节制、高频率地使用游戏教学，也会给教学带来一些不利因素，造成教学活动的混乱。因为这会使幼儿兴奋过度，而且时间过长，将会消耗很大的精力和体力，因此运用时要合理适度，要保证主要教学任务的完成，不能颠倒"主、次"，提前或延长时间，其效果都不好，应在幼儿较满足，还有余兴，但又不太累的情况下结束游戏。

第二节　幼儿轮滑游戏的功能与特性

一、幼儿轮滑游戏的功能

幼儿轮滑游戏是以促进身体健康、增强参与者体质为基本目的，以它特有的内容、情节、形式、规格和要求为活动特点而呈现的一种有组织的现代体育活动。它既可作为一般性身体练习的教学与训练的基本内容，也可以作为各项运动的准备活动和身体技能恢复的特殊活动内容，同时还可以是培养遵守纪律、顽强拼搏、团结互助、热爱集体、积极进取等优良道德品质和塑造现代人的美好心灵的一种优化体育手段。幼儿轮滑游戏不仅对全面发展幼儿的身体素质有积极作用，而且能激发幼儿对轮滑运动的兴趣和热情，培养我国轮滑运动的后备力量，挖掘人才潜能，对发展幼儿的智力水平和创造性，发挥体育天赋都有重要的意义和作用。

二、幼儿轮滑游戏的特性

设计轮滑游戏时应根据教学内容，目的明确、有针对性地设计轮滑游戏，提高教学质量，且设计应具有新颖性和有趣性，激发幼儿学习兴趣。轮滑教学游戏要遵循由浅入深、由易到难、循序渐进的教学原则，科学合理地安排教学游戏，同时要从幼儿实际情况出发，将幼儿知识、技能和体质作为设计游戏的又一重要条件。要根据此年龄段幼儿好胜的心理，设计具有竞争性的轮滑教学游戏。具体可从以下方面入手：

（1）游戏教学法在幼儿轮滑教学中，在教学的各个环节的运用非常广泛，游戏内容和形式不断创新和丰富。

（2）幼儿轮滑教学模式中游戏教学法更适合幼儿的轮滑教学，且在轮滑教学中保持幼儿的学习兴趣极为重要。

（3）游戏教学法在幼儿轮滑教学中的运用，调动了幼儿的学习积极性，有利于幼儿形成终身体育的习惯。

游戏设计要具有目的性、趣味性、科学性、竞争性等特点，并且游戏教学应注重因材施教。教师应当摸索出更多的游戏模式来让幼儿在快乐的氛围中学习轮滑。在教学过程中，应当重视幼儿的安全工作，切记不可让幼儿在教学过程中受伤。

第三节　幼儿轮滑游戏分类

轮滑游戏在实际教学中应用比较广泛、按照课堂教学的结构可以分为活动性游戏、练习性游戏和放松性游戏。

一、活动性游戏

活动性游戏主要用于课程的准备部分，其目的是充分活动开身体，拉伸肌肉，提高神经兴奋性，为课的基本部分内容做准备。（1）喊数抱团：幼儿在轮滑场上正常走滑，当老师喊"两人一组抱团"时（或三人、四人），幼儿迅速找伴，两人一组抱团，不能分离或摔倒，没找到伴的，或抱团人数多出和少于所喊数的为败。（2）推车比快：幼儿分成四队，成四路纵队站在起点线后，每队两人一小组，一人成基本蹲屈姿势状、当车，另一人则在后推滑，进行推车往返接力赛，当滑到对面设定位置后两人互换，先滑完组为胜。

二、练习性游戏

练习性游戏主要用于课的基本部分，如转弯接力游戏，这种游戏可以让幼儿在娱乐的过程中掌握弯道技术，使幼儿加深对轮滑技术的理解，促进幼儿对基本轮滑技术的正确掌握。创编这类游戏，主要考虑轮滑技术的实用性，尤其是分解动作，经过深入挖掘分解动作中的技术元素，把技能练习环境转化为有情景设置的场地，这类游戏有较强实用性，其竞技性与大负荷是这类游戏的主要特点。

三、放松性游戏

放松性游戏主要用于课程的结束部分，其目的是对幼儿进行调整，放松身体和心理。创编的游戏有"逛公园""蛇形伸展"等，创编这类游戏主要考虑游戏的娱乐性，让幼儿做起来很轻松。

第四节　幼儿轮滑游戏创编

一、幼儿轮滑游戏的创编程序

幼儿轮滑游戏创编要符合科学研究程序，一般都要经过搜集资料、构思、实验、创编、修改、再创编的过程。如图 10 - 1 所示游戏创编一定要用科学研究的态度去对待。首先要有一个轮滑游戏的设计思路，对搜集到的素材进行分析整理，再进行创编，游戏设计完成后一定要经过反复实验、不断完善后才能使用。

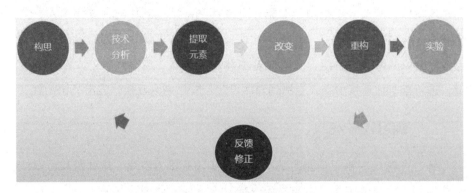

图 10 - 1 轮滑游戏创编程序

例如：轮滑中的经常使用"钻山洞"的游戏设计，可以先设计一个路线图，然后选择好具体动作，但该游戏的器材、幼儿滑行的距离、场地的设计等，必须根据应用情况进一步检查后才能确定。任何轮滑游戏的创编都要经过必要的修改检验后才能使用。

如图 10 - 2 所示，轮滑游戏经过创编后在实际教学中围绕提高幼儿学习兴趣这一目标进行检验，在轮滑课教学实施过程中，根据幼儿的个性特征构建最优化的教学方法，设置明确的辅导目标，使幼儿学习的能动性不断得到强化。

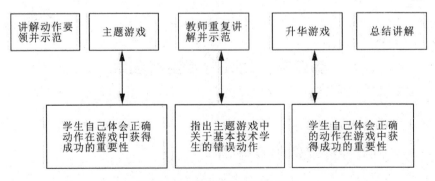

图 10 - 2 轮滑游戏教学法模式

具体操作如下：

（一）明确游戏目的与任务

幼儿作为轮滑游戏的参加者，他们一般都是为了体验愉快的游戏过程而参加游戏的。但作为游戏的组织者来讲，幼儿游戏是体育教育的一种手段，其目的是锻炼幼儿的身体，增强幼儿的体质，这个目的是通过各个具体的游戏来达到的。而一个具体的游戏，一般还需要完成某种具体的任务，集中幼儿注意力、做准备活动、学习某种轮滑运动技术或战术、发展幼儿的某项专门素质等，都可作为某个游戏的具体任务。创编幼儿游戏时，首先应明确游戏的目的与任务，这样才能使创编工作做到有的放矢。

（二）选择游戏的素材

明确了游戏目的与任务之后，即可动手选择轮滑游戏的素材。游戏素材的选择应针对游戏任务来进行，如集中注意力游戏所采用的练习，运动量要小一些；放松游戏（主要是精神上的放松），趣味性要浓一些；为了学习或复习轮滑专项技术活动的游戏，则应以专项技术动作为素材；发展幼儿的腿部力量，可以采用运球跑、抱球跳等作为游戏的素材。

幼儿游戏主要是以发展幼儿体力为主的游戏，因此它所采用的素材应体现体力活动的特征，这些体力活动应以体育动作为主，但不限于体育动作。以下所列的一些体力活动的内容，都可作为素材运用到轮滑游戏中。

（1）身体基本活动能力的动作，如走、跑、跳、支撑、攀高、爬行、钻越、追捕、躲闪、搬运等。

（2）队列动作，如原地转向、报数、下蹲、起立等。

（3）竞技运动技术动作，如篮球中的传接球、运球、投篮；田径中的交接棒、加速跑等。

（4）日常生活与劳动中的某些动作，如过独木桥的动作、搬运重物等。

（5）模仿性动作，模仿动物，如兔跳、象行、鸭子走路等；模仿机械，如汽车、飞机等；模仿军事作战等。

（6）其他动作，如舞蹈、杂技中的某些动作等。

以上这些动作有些可以直接用作游戏的素材，有些则应加工改造后成为游戏的素材。除了以上这些动作之外，还可以自己创造一些新颖、有趣的动作作为游戏的素材。

（三）确定游戏的方法

游戏的方法包括游戏的准备、游戏的进行形式、游戏的队形、游戏的路线、游戏的接替方法等。

1. 游戏的准备

游戏的准备包括游戏所需要的教具及其安放方法、场地的规格、游戏的分队方法及队形站位等。

2. 游戏的进行形式

游戏的进行形式有接力、追逐、角力、争夺、传递抛接、集体竞快、摸索、掷准、比远、猜测等。创编者要根据游戏的任务与素材的特点来选取合适的形式，例如，发展幼儿的奔跑速度可采用轮滑接力游戏的形式，发展幼儿灵敏性可采用抱球、运球追逐游戏的形式等。

3. 游戏的队形

一般有纵队、横队、圆形、疏散（分散）式、放射形、三角形及指定的其他队形。

（1）纵队一般常用于幼儿轮滑接力游戏与传递游戏；

（2）横队一般适用于幼儿轮滑传递抛接游戏以及集中注意力的队列游戏，面向的两列横队常用于轮滑角力游戏、攻防游戏；

（3）圆形队形常用于幼儿轮滑追逐游戏、攻防游戏；

（4）疏散式队形常用于幼儿轮滑追逐游戏及角力游戏；

（5）放射形队形常用于圆周形的幼儿轮滑游戏；

（6）三角形队形常用于幼儿轮滑三角传球对抗等游戏。

4. 游戏的路线

在幼儿轮滑接力游戏与集体竞快游戏中，常常要说明游戏时幼儿运动的路线。游戏的路线一般有以下三种：

（1）穿梭式（迎面接力）。即同一队幼儿分两组，相隔一定距离面对面站立。游戏时每个幼儿跑单程，接替后站在对面一组幼儿的后面。

（2）来回式。每队幼儿成一路（或根据需要站成数路），每个幼儿跑双程，即跑过去后，绕过回转点再跑回来与后一名幼儿接替。

（3）围绕式。接力的幼儿环绕一定的图形，如圆形、方形、三角形、"8"字形等，跑一周后与下一个人接替。

5. 游戏的接替方法

接替方法是指在幼儿轮滑接力游戏及追逐游戏中，后一个幼儿接替前一个幼儿做动作的时机或信号。接替方法一般有以下三种方法：

（1）交物法。这种方法是用轮滑、接力棒或其他物品作为信号进行接替。在接替时，一般是前面的人直接交给接替人，但有时也采用前面的人将接替物交给纵队的最后一人，再向前传给接替人的方法，这种变换的接替方法可以防止后面的人抢跑犯规。

（2）接触法。这种方法是前后两个幼儿以身体接触的方式进行接替，接力游戏中一般采用手掌相击的方法进行接替；追逐游戏中则拍击任何部位都可以。

（3）过线法。这种方法是前一个幼儿跑回越过起跑线后，后一个幼儿进行接替。

（四）制定游戏的规则

游戏的规则既是幼儿轮滑游戏顺利进行的保证，也是评定游戏胜负的重要依据。在制定规则时，要注意以下几点。

1. 明确合理与犯规、成功与失败的界限

在创编幼儿轮滑游戏时，一个游戏动作可能有多少种做法，事先要进行琢磨、试验，因为有些动作的做法不同，其难易程度也是不同的。为了竞赛的公平性，应在规则中明确哪种做法是合理的，哪种做法是犯规的；什么情况算失败，什么情况算成功。当然，如果几种做法难易程度相差不大，则可不必划分为合理与犯规，可让幼儿在轮滑游戏中开动脑筋，找出容易的做法，以取得游戏的胜利。

2. 明确对犯规者（或犯规队）的处理办法

一般来讲，对犯规者可采用以下四种处理办法：

（1）犯规者取得的成绩无效。例如：在轮滑运桩的过程中，一次性带了两桩，则视为无效。

（2）对犯规者（队）扣分或降级。例如：在轮滑游戏中采用计分的方法定胜负，可采用对犯规者扣分或对犯规队降级的办法处理犯规者或犯规队。

（3）犯规队名次列于最后。在奔跑幼儿轮滑接力游戏中，凡起跑犯规的队，名次均列最后。如所有的队都有犯规行为，则不评次。这是因为起跑犯规不但与次数有关，而且与距离有关，无法判别犯规的轻重。

（4）犯规者退出比赛。在幼儿轮滑对抗竞赛的游戏中，可采用犯规者累计多少次犯规罚退出比赛的方法来削弱犯规队的实力。

3. 要有一定灵活性

规则不要定得太死，要留有余地，让幼儿发挥他们的思维与创造力。规则的条文不要过多或过于复杂，一般有两三条即可。

（五）确定游戏的名称

确定游戏的名称就是给游戏命名，给游戏命名的方法有两种：

1. 直接命名

包括以下四种方式：

（1）以游戏的内容命名，如"抱球障碍赛跑"；

（2）以游戏的形式命名，如"迎面接力"；

（3）以游戏的内容加上形式命名，如"跑接力"；

（4）以游戏的规则命名，如"成双不拍"。

2. 拟喻命名

拟喻命名是假设与虚构在游戏命名上的运用，它是以游戏的内容或形式的主要特征为依据，采用模拟与比喻的方法，赋予游戏带情节的名称。这种名称带有一定的教育意义或者趣味性，如"滚球过山洞""猫抓老鼠"等。

在给幼儿轮滑游戏命名时，要注意以下三个问题：

（1）游戏的名称要简单易懂。不要采用一些冷僻、难认、难记及难懂的字、词或成语。一个游戏名称的字数不要太多，一般以 2~6 字为宜。

（2）游戏的名称要名实相符。给游戏直接命名时，要注意名实相符，游戏的名称要能反映游戏的主要特征。

（3）游戏的内容与形式相关。在用拟喻命名时，要使名称与游戏的内容或形式有某种程度的相关性，不要牵强附会。例如：将平衡木假设为"独木桥"，二者在形态结构上就具有相似性。如果将放在一条细线上但不连接的几块纸板假设成"独木桥"，就不具备这种相似性了，如将它们假设成浅河中的"垫脚石"则较适宜。此外，所拟名称或借用的成语，尽量不用带贬义的词或成语。

（六）提出游戏的教学建议

幼儿轮滑游戏的教学建议包括以下内容：

（1）游戏的使用范围，如年龄大小，对气候、场地和器材的要求等。

（2）在游戏中可能会出现的安全与其他方面的问题，以及预防办法或解决措施。

（3）游戏的其他做法，加大或减小游戏的难度与运动负荷的方法。

（4）其他注意事项。

二、幼儿轮滑游戏的创编方法

（一）收集整理法

教师可以充分发挥幼儿的主观能动性，利用上课时间，向幼儿讲述轮滑游戏的目的及初步思路，利用"头脑风暴"法，激发幼儿的思维，让幼儿自己创编新的轮滑游戏。作为教师要注意观察，将幼儿创造的轮滑游戏收集整理下来；或者教师对幼儿上课中玩过的轮滑游戏进行记录，教师再对其修改加工；或者观察其他教师上课过程中所采用的其他项目游戏，教师之间进行沟通共同研发；或者在各个项目的幼儿轮滑游戏资料中进行收集。

（二）移植创编法

移植法，也可以称之为借鉴法。现在体育教学中有许多经典的游戏，所体现的整体结构、局部设计、动作选择、前后顺序、动作组合等都会体现出来优秀的设计理念，学习和借鉴这些理念，结合轮滑的具体技术动作和实际教学需要，是进行轮滑游戏创编的有效途径。将生活劳动中较为常见与实用的动作情节，从内容形式和方法手段上进行移植改造，创编出新的幼儿轮滑游戏。

（三）目的引导法

从专项技术分析的角度，轮滑动作大致可以分为三类：第一类是用于提高技术动作的单一诱导性练习，第二类是在规定条件下用于提高专项力量练习。第三类是提高专项能力的技术动作练习。充分考虑这三类技术动作的目的性选择创编轮滑游戏。目的相同的游戏还要依据教学对象的年龄、性别等特点，在游戏设计时要有所区别，使游戏更具有针对性和实用性。

（四）变化法

在幼儿游戏的教材中，教师可选择一些易于变化的游戏，进行举一反三的改造与发挥，创编出新的轮滑游戏。例如：田径类的接力跑游戏，根据其特点，稍加变化与改造，即可创编出抱轮滑接力、抱轮滑钻跨障碍等新的幼儿轮滑游戏。

（五）组合法

根据幼儿游戏的创编原则，运用排列组合的原理，将不同类型的幼儿游戏进行组合，或将其他运动手段、游戏形式与幼儿动作进行组合，创编出新的幼儿轮滑游戏。

（六）程序法

按照一定的逻辑程序创编幼儿游戏的方法就是程序法。该方法步骤如下：

（1）目的任务：根据设想的条件以及已有资料，明确创编游戏的目的和任务。

（2）设计规划：经过严密构思选定内容与素材，确定格式与程序来设计游戏的基本模型。

（3）验证修改：通过反复实验、推敲、修改和完善，验证游戏的科学性、实效性与可行性。

（4）书写：按游戏名称、目的、场地器材、方法、规则及教学建议等以规范的书写格式进行编写。

（七）提炼法

将幼儿时期玩耍的民间游戏、乡土游戏和地域性游戏进行去粗取精，经过提炼而创编出新的幼儿轮滑游戏。

此外，幼儿游戏的创编还有思维法、实验法、模仿法、简化法等很多技法，也可借鉴竞技运动的一些创新技法。

三、幼儿轮滑游戏设计要素

轮滑项目在技术动作上有三个特点；一是在运动过程中用力的支撑点不是固定的。就是经常提到的"游离支点"。这一特点是与其他项目的主要区别，也决定了轮滑游戏动作必须具有稳定性和平衡性。二是轮滑运动速度快、冲击力强、场地硬，因此，安全因素尤其突出。三是轮滑动作的蹲屈特性。这三个特点是轮滑游戏设计时要考虑的重要因素。具体要求如下：

（1）降低游戏动作难度。轮滑游戏中的动作大部分属于对称的身体运动，是有一定的学习难度的，初学者的游戏动作必须简单易学，把复杂动作分解，使幼儿一接触就能基本掌握，这样会调动幼儿学习积极性，激发进一步学习的愿望。

（2）所选游戏的主要内容要体现轮滑技术特点。蹲屈、支撑和速度状态是轮滑的本质特点，是轮滑游戏的核心要素，也是轮滑运动吸引幼儿的魅力所在，蹲屈对肌肉力量的刺激、平衡对神经功能的刺激、速度冲击力对视觉器官的刺激，便于体育教师进行轮滑运动的教学。

（3）游戏设计注意避免运动伤害事故的发生。应该说轮滑运动是有潜在伤害性的，特别是在课上的游戏中或课后的自由活动中经常发生问题。幼儿在滑动时场地的平整度和光滑度、幼儿运动时的路线交叉、调皮幼儿的身体接触等，都是幼儿受伤的诱因。在轮滑游戏设计时要充分考虑这个因素。在实践教学中有些轮滑游戏虽然趣味性很强，但是容易出现伤害事故，也不宜作为学习轮滑游戏的素材采用。

四、幼儿轮滑游戏创编实例

（一）小火车

1. 游戏准备

（1）游戏前做好热身活动，充分地将身体各个部位拉伸，避免游戏时受伤。

（2）道具准备：平整的空场地，每位小朋友需穿戴好轮滑鞋以及护具。

2. 游戏规则

（1）滑行技术较好的幼儿站在排头或排尾位置，技术偏弱的幼儿站在队伍中间。

（2）在滑跑时不能脱节，如有脱节应马上追上，追不上则为失败。这个游戏最好在课堂结束时进行。

（二）蚂蚁运粮

1. 游戏准备

（1）游戏前做好热身活动，充分地将身体各个部位拉伸，避免游戏时受伤。

（2）道具准备：平整的空场地，每位小朋友需穿戴好轮滑鞋以及护具。

2. 游戏规则

（1）把小朋友均等分组，每组3人。游戏需一组一组来，首先3个小朋友横排站好，间隔2米。

（2）在3个小朋友的正前方约8米处放5个相同颜色的杯子，3组的杯子颜色不同。在小朋友出发位置右脚下做个记号，作放杯子用。老师吹哨子，3个小朋友就跑出去捡杯子，一次只能捡一个，捡回来的杯子就放在所做的记号处，把5个杯子捡完，快者胜利。一组比完了就接着下一组，让所有的小朋友都可以参加。还可以让每一组的第一名再比一次。

3. 注意事项及违规处理办法

（1）游戏过程中应注意安全，避免受伤。

（2）在游戏过程中若有推、拉、扯、撞等暴力行为，视为犯规行为，可扣除1个杯子。

（三）轮滑手球

1. 游戏准备

（1）游戏前做好热身活动，充分地将身体各个部位拉伸，避免游戏时受伤。

（2）由教师选出双方队长，由双方队长采用石头剪刀布等方式，选择队员，随后用同样的方式选择攻守场地，每队设有一位守门员。

2. 道具准备

平整的空场地，1 个球，4 个标志筒，每位队员需穿戴好轮滑鞋以及护具。

3. 游戏规则

开赛前每队各派出 1 位队员站在对方的场地面对自己的球门，站立在中线位置准备开球。裁判站在边线发令开球，口令发出后，抢球的队员只能用脚将球踢向自己的队员，队员只能用手去抢球，抢到球后即可向对方球门进攻，队员之间相互合作传接球。进球的方式采用地滚球，进球的高度离地面不得过半米，先进 5 个球的队伍获胜。

4. 注意事项及违规处理办法

（1）游戏过程中应注意安全，避免受伤。

（2）游戏过程中，不能用脚踢球，否则犯规，球权交换。

（3）游戏过程中，持球后 5 步之内必须将球传出，否则犯规，球权交换。

（4）游戏过程中，双方队员之间不可发生推、拉、拖、打、撞等暴力行为，否则犯规，交换球权。

（5）游戏过程中，球出界前触及本方队员身体任何部位，则交换球权。

（四）老鹰抓小鸡

1. 游戏准备

（1）游戏前做好热身活动，充分地将身体各个部位拉伸，避免游戏时受伤。

（2）道具准备：平整的空场地，每位小朋友需穿戴好轮滑鞋以及护具。

2. 游戏规则

把人数分成若干小组，每组成一路纵队；纵队后者拉住前者的衣服或扶前者的腰、肩部，排头幼儿为"母鸡"，另选一人为"老鹰"。老师发出口令，"老鹰"向"鸡群"扑去，"母鸡"张开胳膊阻拦"老鹰"，保护"小鸡"，"老鹰"左右盘旋滑行，使"母鸡"防不胜防。"老鹰"拍或抓到一个"小鸡"或"小鸡"队列突然中断，都算"小鸡"失败。最后选失败的"小鸡"充当"老鹰"或选另一人担任"老鹰"。

3. 注意事项及违规处理办法

(1) 游戏过程中应注意安全，避免受伤。

(2) "老鹰"和"小鸡"听到口令后起动滑行跑。

(3) "小鸡"的队伍中断就算"小鸡"失败，另选一人担任"老鹰"。

(五) 轮滑手球

1. 游戏准备

(1) 游戏前做好热身活动，充分地将身体各个部位拉伸，避免游戏时受伤。

(2) 由教师选出双方队长，由双方队长采用石头剪刀布等方式，选择队员，随后用同样的方式选择攻守场地。

(3) 道具准备：平整的空场地，每位队员需穿戴好轮滑鞋以及护具。

2. 游戏规则

开赛前每队选出 5 名队员，每队的目标是在对方球篮进球，并阻止对方进球。在游戏中，球只能用手来拍打，并且球可向任何方向传、投、拍、滚或运，队员不能故意踢或用腿的任何部分阻挡球或用拳击球。轮滑手球游戏应由 4 节组成，每节 10 分钟。在第一节和第二节之间、第三节和第四节之间应有 2 分钟的休息时间，第二节和第三节之间应有 15 分钟的休息时间。

3. 注意事项及违规处理办法

(1) 游戏过程中应注意安全，避免受伤。

(2) 在比赛时间结束时进球较多的队，就是比赛的胜者。

(3) 游戏过程中，双方队员之间不可出现推、拉、拖、打、撞等暴力行为，否则犯规，交换球权。

(4) 游戏过程中，球出界前触及本方队员身体任何部位，则交换球权。

(5) 游戏过程中，持球者触及球回场，属于回场违例，交换球权。

(六) 轮滑篮球

1. 定义

轮滑篮球：轮滑篮球游戏由两个队参加，每队派 5 名队员，每名队员都必须要穿轮滑鞋。每队的目标是在对方球篮进球，并阻止对方进球。

比赛的胜者：在比赛时间结束时进球较多的队，就是比赛的胜者。

2. 时间

（1）轮滑篮球游戏应由 4 节组成，每节 10 分钟。

（2）在第一节和第二节之间、第三节和第四节之间，以及每一决胜期之前，应有 2 分钟的休息时间。

（3）第二节和第三节之间应有 15 分钟的休息时间。

3. 游戏规则

（1）定义：在游戏中，球只能用手来打，并且球可向任何方向传、投、拍、滚或运。

（2）规定：队员不能带球滑出 3 米，故意踢或用腿的任何部分阻挡球或用拳击球。球意外接触到腿的任何部分，或腿的任何部分意外地触及球，不算违例。

4. 违例

（1）将球判给对方队员在最靠近发生违例的地点掷球入界，正好在篮板下的点除外。

（2）队员踩在线上不算违例。

（3）运球：一名队员不能两次运球。

（4）带球走：不能带球走出 3 米。

（5）5 秒发球，被严防的队员在 5 秒内传、投、或运球；8 秒内回前场；24 秒尝试一次投篮。

5. 犯规

（1）背后非法防守：防守队员从对方队员背后与其发生身体接触。

（2）侵人犯规：无论在活球或死球的情况下，攻守双方队员发生的身体接触的犯规。

（3）违犯体育道德的犯规：根据裁判员，一名队员不是在规则的精神和意图范围内合法地试图去直接抢球，发生的接触犯规是违犯体育道德的犯规。

（4）取消资格的犯规：队员、球队席人员的任何恶劣的违犯体育道德的行为。

（5）罚则。

①一般犯规和侵人犯规均登记一次犯规，当一名队员累计五次犯规后应取消该队员本场比赛的上场资格。

②违犯体育道德的犯规算对方进一球，且获得一次在中线掷界外球的机会。

（七）轮滑排球

规则与要求：

1. 比赛计分办法

（1）胜一分：某队在对方失误与犯规以及受其他的判罚时，得一分

（2）胜一局：先得 25 分同时超过对方 2 分的队胜一局，当双方比分 24：24 时，比赛继续进行至某队领先 2 分（26：24、27：25）为止，决胜局（第 5 局）采用 15 分并领先 2 分为胜，当比分为 14 平时，比赛继续进行至某队领先 2 分（16：14、17：15）为止。

（3）胜一场：胜三局的队胜一场。

2. 比赛方法

（1）比赛开始：裁判员鸣哨允许发球，发球队员击球时比赛开始。

（2）比赛中断：裁判员鸣哨终止比赛，比赛中断。

（3）比赛上场阵容与阵容不完整：每个队场上必须保持 6 名队员进行比赛。如果不足 6 人，则为阵容不完整—输掉一局或一场比赛。

3. 发球犯规

（1）发球次序错误。

（2）发球队员在击球时或击球起跳时，踏及场区（包括端线）或发球区以外地面。

（3）发球队员在第一裁判员鸣哨 8 秒内未将球击出。

（4）球未被抛起或未使持球手清楚撤离就击球。

（5）双手击球或单手将球抛出、推出。

（6）球被抛起准备发球却未击球。

（7）球触及发球队员或没有通过球网的垂直平面。

（8）球触网后落入对方场区外。

（9）球越过发球掩护的个人或集体。

4. 击球犯规

（1）连击犯规：身体任何部分均可触球，但一名队员连续击球两次或连续触及其身体的不同部位。

（2）持球犯规：身体任何部分击球时，将球接住或抛出，即为持球犯规。

（3）4次击球犯规：每队最多击球3次将球从过网区击回对方。

（4）借助击球犯规：队员在比赛场地内借助同伴或任何物体的支持进行击球。

5. 不良行为犯规

（1）粗鲁行为：违背体育道德和文明的举止，有侮辱性表示。

（2）冒犯行为：诽谤、侮辱的言语或行为。

（3）侵犯行为：人身侵犯或企图侵犯。

第十一章
幼儿平衡能力干预实践研究

第一节　轮滑对 3～6 岁幼儿平衡能力的实验研究

　　幼儿时期贯穿人的一生，幼儿时期是人的一生中基础性动作和动作能力发展的关键期，在幼儿时期一旦运动量不足或者运动方式不正确，都会影响运动能力的发展。平衡能力是一项人体基本的身体素质，人的所有运动都要在维持身体平衡的情况下进行。平衡能力始终贯穿于身体的机能与运动中，因此幼儿在进行各种体育动作甚至日常动作时都要以平衡能力为基础。发展平衡能力不仅可以促进运动器官的功能与前庭觉器官的机能，还能改善人的神经中枢对肌肉组织的保护能力，可以使人更好地适应环境。幼儿时期，无疑是发展平衡能力的黄金时期①。幼儿作为祖国的花朵，其身心健康关乎国家威望、社会发展以及幼儿一生的发展，本书运用实验法、文献综述法、数理统计法等研究方法，研究以幼儿轮滑为手段对幼儿平衡能力的促进作用，并通过分析数据结果提出相对应的对策以及建议，以便更好地增强幼儿的平衡能力，从而增强幼儿的体质，也为幼儿园开展轮滑课程打下一定的理论基础。

---

　　① 王玉侠，李润中，曹惠容，等. 发展学龄前儿童平衡能力的体育运动方法研究［J］. 青少年体育，2019（4）：137－138＋93.

一、实验原理

以《3~6岁儿童学习与发展指南》与《幼儿轮滑》两个为依据，通过随机抽取与资格审查相结合确立好60名实验幼儿，制定好平衡能力实验方案和幼儿轮滑能力实验课程的主要教学内容。通过《3~6岁幼儿平衡能力课程方案开发的实证性研究》《影响平衡功能的因素分析》《幼儿园体育运动对幼儿平衡能力的影响研究》等对平衡能力的研究，确定好幼儿静态平衡运动能力与幼儿动态平衡能力有机结合的测试幼儿平衡能力的方法。

（一）实验对象

通过园所和家长的沟通，孩子自主报名，第一轮共收到123名孩子报名，为保证实验数据的准确，采用资格审查，选取了没有学习过轮滑的幼儿108名。再依据性别、年龄、班级、身高、体重等情况进行分组，最终确定实验对象60名。选取30名幼儿进行幼儿轮滑课程教学干预，每周2次，持续3个月。标号为一组，再选取剩下的30名不进行幼儿轮滑课程教学。

表11-1　研究对象性别年龄情况

年龄	男（人数）	女（人数）	合计
4岁	10	10	20
5岁	10	10	20
6岁	10	10	20

（二）教学内容设计

表11-2　轮滑实验实验内容

练习内容	练习次数	练习组数	每次练习效果
行进间踏步	10	10	进一步加强平衡感觉
摔跤与起立	5	5	培养自我保护与反应能力
基本滑行	35	20	敏捷性增强
制动器刹车	40	18	加强平衡能力与自身重心控制
转弯	25	15	较好地掌握重心以及速度增强
八字刹车	20	20	灵敏素质以及平衡练习
前葫芦	25	12	灵敏素质与平衡

（续表）

练习内容	练习次数	练习组数	每次练习效果
后葫芦	25	12	灵敏素质与平衡
双鱼	17	20	腰部核心力量
前蛇	35	23	腰部核心力量与重心掌控
前交叉	40	28	平衡与重心掌控
后交叉	40	28	平衡与重心掌控

（三）幼儿平衡能力测试方法

平衡能力分为静态平衡能力与动态平衡能力，人体通过视觉、本体感受器、前庭系统等感觉信息和小脑，维持某种姿势或稳定状态的能力我们通常称为人体静态平衡的能力[1]，人体在运动中受到一定的外力作用，譬如运动之后，依然表现出能够继续维持自身稳定的平衡能力，即为人体动态平衡的能力[2]。本研究中采用张晓东的《3~6 岁幼儿平衡能力课程方案开发的实证性研究》中较为简便、手动测量平衡测试方法对 3~6 岁幼儿进行预测试，平衡能力的动态测试与静态测试相结合，指标如下：平衡木行走法、单脚睁眼测试法、单脚闭眼测试法。

平衡木测试法采用高 0.3 米，宽 0.1 米，长 3 米的平衡木，受试者站在简易平衡木的一端，听到出发口令后开始快速通过平衡木，测量通过平衡木所用的时间，实验记录以秒为单位，取小数点后 2 位，小数点后第 2 位 4 舍5 入。利用幼儿通过简易平衡木的时间来反映其平衡能力的发展，通过平衡木的时间越短，成绩越好。

单脚睁眼测试法，受试幼儿动作要求：双眼目视前方，单脚站立，两臂向侧平举，支撑腿伸直；抬腿后向后折叠，膝关节与支撑腿平行，记录从开始到抬起脚落地，测 2 次，取最优成绩，以秒为单，精确到 2 位小数点。小数点后第 2 位 4 舍 5 入。单脚睁眼测试时间越长，成绩越好。

单脚闭眼测试法，受试幼儿动作要求：闭眼，单脚站立，支撑腿伸直；

————————

① 刘佳. 动作训练对 4 岁幼儿平衡能力影响的实验研究 [D]. 石家庄：河北师范大学，2015.

② 范江江，陈恩格，杨世军，等. 人体测量学因素对单脚站立平衡能力的影响研究 [J]. 福建体育科技，2017，36（4）：27-31.

抬腿后向后折叠，膝关节与支撑腿平行；两臂侧平举。记录从开始到抬起脚落地，测 2 次取最优成绩，以秒为单，精确到 2 位小数点，小数点后第 2 位 4 舍 5 入。单脚闭眼测试时间越长，成绩越好①。

注：各位教师和其他工作人员一定切记要在幼儿进行科学实验的整个过程中都注意仔细观察一下受试幼儿的身体动作，以免失误导致受试幼儿发生意外。

四、实验结果分析与讨论

（一）实验结果分析

1. 幼儿平衡木测试结果分析

通过表 11 - 3 显示的数据可知，实验组内的 3 ~ 6 岁幼儿，在轮滑教学练习前，平衡木测试成绩测试在 12.67 秒左右，而在轮滑教学练习之后，成绩达到了 5.43 秒左右，对照组内的 3 ~ 6 岁幼儿，在轮滑教学练习前，平衡木测试成绩评价在 12.86 秒左右，而在轮滑教学练习之后，成绩达到了 10.91 秒左右。而不同年龄段的实验幼儿通过平衡木测试的速度也不相同，6 岁的实验幼儿通过平衡木的速度最快，5 岁的实验幼儿其次，4 岁的幼儿最慢。且在经过三个月的实验之后，参加轮滑实验的幼儿的平衡木测试的成绩明显比未参加轮滑实验的幼儿要优异，但是三个月之后，对照组实验幼儿的平衡木测试的成绩相对于实验之前有所增长。

表 11 - 3　实验前后平衡木测试数据统计（单位：秒）

性别	年龄	实验前		实验后	
		实验前（实验组）	实验前（对照组）	实验后（实验组）	实验后（对照组）
男	4	20.55 ± 1.93	20.02 ± 1.62	8.12 ± 2.47	15.74 ± 3.50
女	4	18.33 ± 2.06	18.55 ± 1.86	6.85 ± 2.56	15.04 ± 2.74
男	5	11.16 ± 2.49	11.70 ± 2.19	5.44 ± 2.27	10.42 ± 2.43
女	5	9.68 ± 2.35	10.30 ± 2.8	4.93 ± 1.38	9.51 ± 1.13
男	6	8.57 ± 2.42	8.37 ± 1.89	3.87 ± 1.71	7.68 ± 1.46
女	6	7.82 ± 1.86	8.23 ± 2.19	3.37 ± 3.74	7.07 ± 2.81

---

① 胡鑫. 4 ~ 6 岁幼儿平衡能力的研究 ［C］. 中国体育科学学会. 第十一届全国体育科学大会论文摘要汇编，2019：2544 - 2545.

2. 幼儿单脚睁眼测试结果分析

通过表 11 - 4 显示的数据可知，实验组内的 3 ~ 6 岁幼儿，在轮滑教学练习前，单脚睁眼测试成绩测试在 7.5 秒左右，而在轮滑教学练习之后，成绩达到了 12.25 秒左右，对照组内的 3 ~ 6 岁幼儿，在轮滑教学练习前，单脚睁眼测试成绩评价在 7.56 秒左右，而在轮滑教学练习之后，成绩达到了 8.7 秒左右。由表可以看出，6 岁的实验幼儿单脚睁眼站立保持的时间最久，5 岁的实验幼儿其次，4 岁的幼儿保持时间最短。且在经过 3 个月的实验之后，实验组和对照组的实验幼儿单脚睁眼站立测试成绩都有所提升，但是实验组的实验幼儿比对照组的实验幼儿在单脚睁眼站立测试的成绩要优异。

表 11 - 4   实验前后单脚睁眼测试数据统计 （单位：秒）

性别	年龄	实验前		实验后	
		实验前 （实验组）	实验前 （对照组）	实验后 （实验组）	实验后 （对照组）
男	4	3.48 ± 0.95	3.61 ± 1.67	7.71 ± 1.29	4.50 ± 1.97
女	4	3.63 ± 0.83	3.67 ± 0.74	8.79 ± 1.58	5.74 ± 2.11
男	5	6.93 ± 0.70	7.34 ± 2.13	10.7 ± 2.48	7.79 ± 1.48
女	5	8.20 ± 1.71	8.16 ± 1.90	13.0 ± 1.38	8.75 ± 2.01
男	6	10.92 ± 1.20	10.6 ± 1.08	15.8 ± 0.91	11.4 ± 3.09
女	6	11.87 ± 1.51	11.9 ± 2.46	17.3 ± 3.09	13.9 ± 3.38

3. 幼儿单脚闭眼测试结果分析

通过表 11 - 5 显示的数据可知，实验组内的 3 ~ 6 岁幼儿，在轮滑教学练习前，单脚闭眼测试成绩测试在 6.16 秒左右，而在轮滑教学练习之后，成绩达到了 10.69 秒左右，对照组内的 3 ~ 6 岁幼儿，在轮滑教学练习前，单脚闭眼测试成绩评价在 5.81 秒左右，而在轮滑教学练习之后，成绩达到了 7.32 秒左右，由表可以看出，在单脚闭眼站立测试方面，仍然是 6 岁的实验幼儿单脚闭眼站立保持的时间最久，5 岁的实验幼儿其次，4 岁的幼儿保持时间最短。且在经过三个月的实验之后，参加轮滑实验的实验组实验幼儿的单脚闭眼测试明显比未参加轮滑实验的对照组幼儿要站立得更加持久，成绩更加优秀。但是 3 个月之后，对照组实验幼儿的单脚闭眼测试相对于实验之前也有所提升。

表 11 - 5　实验前后单脚闭眼测试数据统计（单位：秒）

性别	年龄	实验前		实验后	
		实验前（实验组）	实验前（对照组）	实验后（实验组）	实验后（对照组）
男	4	2. 89 ± 1. 89	2. 61 ± 2. 61	7. 71 ± 1. 29	3. 63 ± 1. 08
女	4	3. 43 ± 1. 95	3. 12 ± 1. 06	8. 79 ± 1. 58	5. 11 ± 1. 03
男	5	6. 23 ± 2. 04	5. 64 ± 1. 25	10. 782. 48	6. 74 ± 1. 93
女	5	6. 77 ± 2. 06	6. 62 ± 1. 45	13. 001. 38	7. 39 ± 0. 98
男	6	7. 24 ± 2. 13	7. 18 ± 1. 36	15. 870. 91	8. 11 ± 1. 94
女	6	10. 42 ± 2. 46	9. 67 ± 2. 10	17. 393. 09	12. 411. 49

4. 幼儿平衡测试整体分析讨论

通过表 11 -3、表 11 -4、表 11 -5 可以得知，不论是实验组幼儿在参与 3 个月的轮滑实验课程之后，还是对照组幼儿不参与 3 个月的轮滑实验课程之后，所有实验幼儿的平衡木测试，单脚睁眼测试，单脚闭眼测试成绩都有所提升。在实验之前，普遍年龄比较大的幼儿平衡测试成绩比较好，在实验之后，参与轮滑课程的 4 岁实验组幼儿成绩普遍接近参与轮滑实验课程的 5 岁对照组幼儿成绩甚至大部分的成绩要更好，参与轮滑课程的 5 岁实验组幼儿成绩普遍比不参与轮滑实验课程的岁对照组幼儿成绩更优异。这说明参与轮滑实验课程对于平衡能力的提升要大于由实验幼儿年龄的增长而提升的平衡能力[1]。从轮滑实验课程对实验幼儿平衡能力的提升与年龄的增长对实验幼儿平衡能力的增长对比，轮滑运动对于幼儿的平衡能力的提升具有极大的提升[2]。

（二）实验结果讨论

1. 实验组实验结果讨论

实验组幼儿经过为期 3 个月的轮滑实验，在轮滑实验阶段，不参加其他的体育项目培训课程。对实验组实验幼儿进行轮滑实验课程前与实验课程之后进行平衡能力测试并且记录结果。由图 11 -1 数据对比得知，实验组幼儿

---

① 刘钟锡. 轮滑对学龄前儿童平衡能力影响的实验研究 [D]. 济南：山东师范大学，2015.
② 李明胜. 浅析幼儿轮滑运动的健身价值与教学 [J]. 科教文汇（上旬刊），2012（7）：150 + 162.

平衡木成绩由 12.67 秒提升到了 5.43 秒，平衡木成绩提升了 133.33%，单脚睁眼测试成绩由 7.50 秒提升到了 12.25 秒，提升了 63.31%，单脚闭眼测试成绩由 6.16 秒提升到了 10.69 秒，提升了 73.56%。这一统计数据充分说明了轮滑运动的教学和练习对实验幼儿平衡运动能力的发展和教育起到了一定的推动作用。同时实验幼儿的平衡运动能力也得到了显著的锻炼和提升①。通过对相关教材研究，制定的合理平衡运动教学的方案，以及使用适合幼儿身体的平衡运动教学方法及其手段，可以在一定程度上有效促进实验幼儿平衡运动能力较快地成长和发展②。

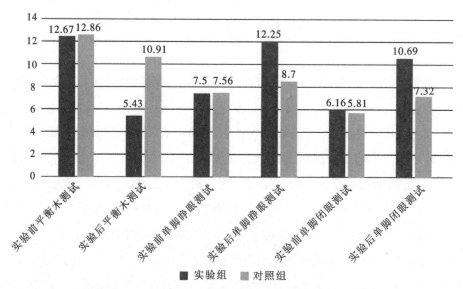

图 11 - 1　轮滑对 3~6 岁幼儿平衡能力实验结果一览表

2. 对照组实验结果讨论

对照组内 3~6 岁实验幼儿不参与轮滑实验课程，但是在这三个月内幼儿可以参加其他正常的体育活动。分别对对照组实验幼儿三个月前与三个月后进行平衡能力测试并且记录结果。实验结果发现对照组的幼儿平衡能力有一定程度的提升，对照组幼儿平衡木成绩由 12.86 秒提升到了 10.91 秒，平

---

① 周游．速度轮滑对 4-6 岁幼儿身体形态、身体素质影响的研究 [D]．长春：东北师范大学，2011.

② 丁学丽，吴静祎，陈燕，等．幼儿园轮滑初级教学中移动重心教法初探 [J]．科学大众，2009 (3)：94.

衡木成绩提升了 17.87%，单脚睁眼测试成绩由 7.56 秒提升到了 8.70 秒，提升了 15.07%，单脚闭眼测试成绩由 5.81 秒提升到了 7.32 秒，提升了 25.95%。这一情况说明 3～6 岁幼儿的年龄的增长及身体发育情况对平衡能力的提高有一定的影响作用，幼儿得到平衡能力会随着幼儿年龄的增长而增长。但是也不排除对照组个别实验幼儿在实验期间参与其他的体育运动所以才导致平衡能力的提升①。

3. 实验组与对照组对比实验结果讨论.

对实验组实验幼儿与对照组实验幼儿的平衡能力实验数据进行对比分析，发现，实验组的实验幼儿在平衡木测试成绩比对照组实验幼儿多增长了 115.52%，单脚睁眼测试成绩实验组实验比对照组实验幼儿多增长了 48.25%，单脚闭眼测试成绩实验组幼儿比对照组实验幼儿多增长了 47.58%。实验组的幼儿在参与轮滑实验课程之后，明显平衡能力比不参与轮滑运动的对照组实验幼儿提升得更加明显。并且对照组或许部分同学在业余时间也曾参加了其他体育活动，促使了平衡能力水平的较高提升。而实验组则大部分实验幼儿平衡能力都有了较大的提升。这表明幼儿轮滑运动对于 3 到 6 岁幼儿的平衡能力的提升具有显著的作用②。

4. 不同年龄幼儿在各个阶段平衡测试平均成绩对比讨论

根据图 11 - 2，4 岁幼儿平衡木测试平均成绩在 19.36，单脚睁眼测试平均成绩在 3.59，单脚闭眼测试平均成绩在 3.01。5 岁幼儿平衡木测试平均成绩在 10.71，单脚睁眼测试平均成绩在 7.65，单脚闭眼测试平均成绩在 6.31。6 岁幼儿平衡木测试平均成绩在 8.24，单脚睁眼测试平均成绩在 11.35，单脚闭眼测试平均成绩在 8.62。

不同年龄阶段幼儿的平衡能力各不相同，幼儿的平衡能力会随着幼儿的年龄的增长而增长，而 4 岁到 5 岁是增长比较明确的一年，有着大幅度的提升，平衡木成绩平均提高了 44.68%，而单脚睁眼测试则提高了 113.09%，单脚闭眼测试提升了 109.63%，5 岁到 6 岁幼儿的提升相对没有这么高，但是幼儿的平衡能力仍有不小的提升，平衡木成绩平均提高了 23.06%，而单

---

① 黎健民. 影响平衡功能的因素分析 [J]. 玉林师范学院学报，2009，30（5）：95 - 98.
② 张晓东. 3～6 岁幼儿平衡能力课程方案开发的实证性研究 [D]. 北京：首都体育学院，2019.

脚睁眼测试则提高了48.37%，单脚闭眼测试提升了36.61%。

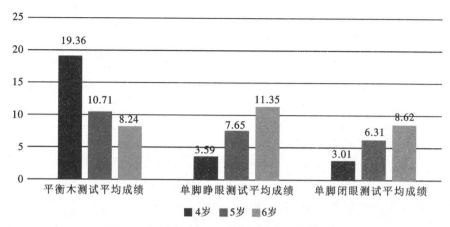

图 11-2　不同年龄幼儿平衡能力测试一览表

5. 幼儿轮滑运动对幼儿的影响讨论

　　基础幼儿轮滑的教学在本次练习中，制定了 11 个作为基础的幼儿轮滑学习基础动作，从完全不会到滑行并能从移动到刹停的练习过程中，对于幼儿的平衡运动能力的培养进行了一步步的促进和发展，基础轮滑动作的内容如下：静蹲、原地抬脚、摔倒时的保护、抬脚前行、重心的转移以及滑行过程中的侧蹬以及侧蹬推步和侧蹬以及滑行、滑行中的转弯、刹车等。轮滑推步和运动的方式不同于其他运动的推步和运动方式，轮滑的推步和滑行方式是身体倚靠幼儿的脚向一侧推步和蹬地发力，同时，通过推步移动身体的重心到向前滑行脚上从而取得了向前推步和滑行的重心和动力，这样推步和侧蹬的外展锻炼了幼儿大腿外侧的腰部肌肉群，而其他的推步和运动较多是锻炼的幼儿大腿的前侧及后侧的肌肉群，腰部肌肉力量的稳定性和支撑提供给了幼儿身体的重心向前转移良好的运动基础①。在幼儿基础轮滑的基础上进行规定动作的练习，更加有效地促进了对幼儿平衡运动能力的培养和提高，例如：幼儿单脚支撑的滑行。而在轮滑鞋的特殊结构设计上，将四个轮子列为一竖排，这样就使得四个轮子的着地面积犹如刀刃一样，当前蛇滑行时，身体要在滑动过程中保持身体的平衡，左右脚之间要形成一条直线，一只脚向

---

　　① 刘宝林，姚广. 滑冰与羽毛球运动对 7~8 岁健康男性青少年静态平衡能力的影响 ［J］. 西昌学院学报（自然科学版），2020，34（1）：88-92.

前发力，用另一只脚支撑自己的身体，然后依靠单脚支撑滑行的力量习惯性向前继续地滑行，双腿膝盖微曲，其实，轮滑练习不单单增加了大腿的支撑力与腰部对与身体重心的平衡调控力，更加重要的原因是轮滑鞋的特殊结构使得我们的幼儿在使用轮滑鞋的滑行中，脚踝及脚掌的力量和肌肉群要时刻为了保持能踩在轮刃的正上方或者调整轮滑鞋的滑行方向而进行力量上的调控，从而在一段时间轮滑练习的滑行中不知不觉地对幼儿脚掌及脚踝的全部力量和肌肉群起到了锻炼的作用，轮滑教学中所练习的这些，幼儿在基础上的滑行规定动作，对身体每一块细微的肌肉都起到了锻炼作用，肌肉群的锻炼增加了幼儿对身体平衡的调节运动能力，也为幼儿的平衡运动能力提高打下了坚实的心理基础，经过一段时间的轮滑练习，幼儿平衡运动能力的培养和提高已经是必然的发展趋势。详细的实验数据见附件 1。

第二节　轮滑对脑瘫儿童平衡能力影响的个案分析

脑性小儿瘫痪疾病是指婴儿在出生前、出生时或出生后的一个多月内，由于出生患儿的大脑尚未完全发育成熟，而小脑受到严重损害或大脑遭受严重损伤所引起的运动障碍和身体上的姿势障碍，是目前为止我国儿童最常见的小儿大脑致残的发病原因之一，患儿除了可能伴有不同严重程度的中枢运动障碍之外，还极有可能同时伴有智力低下、行为异常、四肢不协调、稳定性差、似醉酒后的步态、言语、进食、视觉及听觉等多功能复合性障碍[①]。因此，由脑瘫疾病带来的一系列继发症状直接严重地影响了脑瘫患者的日常学习和社会生活自理能力，也不利于其尽早融入现代社会，更是给脑瘫患者及其家庭生活带来了沉重负担。平衡运动能力本身是一个儿童的基本身体动作能力，是一个儿童开始进行一切身体动作的基础，可以说一个人的任何一种运动几乎都应该是在一种维持自己身体平衡的状态下开始进行的。因此，

---

① 武文婧. 3 名 11~12 岁轻度脑瘫与正常儿童运动协调特征对比研究［D］. 西安：西安体育学院，2016.

平衡运动能力的不断提高一直是早期脑瘫患者的主要治疗目标，对于如何提高脑瘫儿童的平衡能力也是我们老师和家长都必须关注的。而传统的康复治疗方法一般为康复师药物治疗，过程较为枯燥，也易引起患儿不喜、抗拒①。轮滑运动干预的方法抛弃了原有的治疗模式，采取互动型的模式，利用轮滑的娱乐性、变化性，趣味性、互动性等特点，对患者进行干预训练，调动患者的情绪，使其主动参与到干预训练中来，通过提高对自我身体控制能力进而提高其平衡能力。

一、实验对象描述

一名脑瘫儿童，小小（化名），女孩，8 岁，对父母的依赖性特别大。表现症状为：患儿不能持续性姿势控制，伴有运动发育迟缓、口齿垂涎、吐字不清。体重偏重，尤其集中于腹部，运动较缓慢，可缓慢地独立行走，但平衡感差，不能走直线，步态呈剪刀步态，易摔倒。双手力气大。性格开朗、爱笑。在干预之前有接受过药物治疗等方法，并未接触过轮滑运动②。

二、实验设计

（一）干预对象的评估

根据 Berg 平衡量表中动态平衡和静态平衡的 14 项测试项目对实验对象进行测试，测试结果同表 11 - 6 轮滑干预前 berg 平衡量表测试结果（具体测量指标见附件 2、附件 3）。由测试结果可得知干预对象的动态平衡八项测试总分为 10 分，静态平衡六项测试总分为 12 分。我们可以粗略地判断出研究对象有一定的平衡能力但其平衡能力较差，尤其是其动态平衡能力成绩偏低。

（二）干预方法

根据 Berg 平衡量表，以轮滑运动为干预手段对干预对象进行每周 2 次，每次 90 分钟，共 16 次轮滑课程的平衡干预，进行前测、中测和后测共 9 次平衡能力的测试。分别从：从坐到站、无支撑站立、无支撑坐位、从站到坐、转移、闭眼站、双脚并脚站、张开双臂向前伸、转头向后看、从地板上

---

① 王岐富，刘勇. 幼儿轮滑［M］. 长沙：湖南师范大学出版社，2017：72.
② 刘钟锡. 轮滑对学龄前儿童平衡能力影响的实验研究［D］. 济南：山东师范大学，2015.

拾物、原地转 360°、双脚交替踏凳共 4 次、两脚前后直线站立、单腿站立 14 个项目分别进行评分①。每 1 项都会给有 0~4 分的评分，根据每位患者自己能够做到的动作程度来进行打分，最后再次相加得出总分。最高为 56 分，最低为 0 分，分数越高的则说明平衡运动能力越强，少于 40 分的则说明患者可能有发生跌倒的风险，41~56 分说明平衡运动功能良好，21~40 分表明患者有一定的平衡运动能力，如果分数是 0~20 分的则需要乘坐轮椅。berg 平衡能力计分表主要项目分为各项动态平衡和其他静态平衡两大类，第 2、3、6、7、13 和 14 项共 6 项基本功能测试为静态平衡能力测试项目，静态平衡测试项的测试结果得分依次相加，为各项静态平衡测试总分；其余 8 项为动态平衡功能测试项，得分依次进行相加，表示为各项动态平衡测试总分②。动态平衡与静态平衡测试总分相加为 Berg 平衡量表测试总分。

（三）轮滑干预课程的设计

经过查阅大量资料，根据实验前对患儿的身体素质、认知能力、情绪和爱好的了解。运用 berg 平衡量表对实验对象进行干预前的平衡测量，发现其运动能力较差，依据其具体情况和 berg 平衡测试指标，设计了为期 16 周的轮滑课程教学内容如表 11-6。

表 11-6 轮滑干预内容设计一览表

时间	轮滑课程内容	教学目的（平衡能力）	预期目标
第 1 周	熟悉场地环境，观看视频认识轮滑；初步体验滑行感觉	熟悉教学环境，认识、喜爱轮滑	能熟悉新环境、被轮滑运动吸引，穿上轮滑鞋想尝试独立站立
第 2 周	学习穿戴轮滑鞋、护具；V 字站立（垫子）	提高独立站立、闭眼站、双足并拢站等平衡能力	能独立站立较长时间不摔倒
第 3 周	原地踏步（垫子）	提高由坐到站、由站到坐、单腿站立等平衡能力	锻炼平衡能力与增强腿部力量

① 田佳鑫. 体育游戏对共济失调型脑瘫儿童平衡能力影响的个案研究 [D]. 长春：吉林大学，2018.
② 王惠娟，张盛全，刘夏，等. 动态平衡仪与 Berg 量表用于评定偏瘫患者平衡功能的相关性分析 [J]. 中国康复医学杂志，2013，28（4）：339-343.

（续表）

时间	轮滑课程内容	教学目的（平衡能力）	预期目标
第 4 周	平行站立、蹲起（垫子）	提高独立站立、闭眼站、双足并拢站等平衡能力	能很好地控制脚，适应重心上下转换，提高平衡能力
第 5 周	行进间踏步（垫子）	提高单腿站立平衡能力	能适应行进间的轮滑运动，可以较快的踏步前进，提高平衡能力
第 6 周	左右抬腿迈步（垫子）	提高单腿站立及地上拾物的能力	能够找到迈步过程中短暂单腿维持平衡的感觉及身体重心的转换
第 7 周	扶杆单腿站立（垫子）	提高单腿站立平衡能力	能够单腿站立 3 秒以上
第 8 周	行进间踏步（地面）	提高单腿站立能力	能够抬高脚独立踏步向前走
第 9 周	起立（地面）	提高由坐到站、由站到坐平衡能力	能独立、安全站起来
第 10 周	摔跤：前摔、后摔（垫子）	提高安全意识与自我保护意识	学会正确摔跤姿势，不需要帮助能够自己站起来
第 11 周	原地推步练习（地面）	提高身体控制能力、双足前后站立能力	在较小的帮助下能完成推步练习
第 12 周	制动器刹车（地面）	学会制动，提高身体控制能力	有抬脚意识，能控制身体平衡
第 13 周	踏步转弯（地面）	掌握重心，提高平衡能力	能独立完成转弯
第 14 周	向后踏步（地面）	提高转身向后看的平衡能力	能够从一侧向后看
第 15 周	上下楼梯练习（户外）	提高双足交替踏台阶能力	在监督下能够独立完成上下楼梯
第 16 周	户外松雅湖 10 公里拉练	实践：课程干预结果检验	至少能够滑行 5 公里以上

三、实验结果与分析

（一）轮滑干预前实验测试结果

本研究采用 Berg 平衡量表，对干预对象的平衡能力进行测量，其干预前的测试得分详见表 11 - 7。

表 11 - 7　干预前 Berg 平衡量表测试结果一览表

动态平衡			静态平衡
检查内容	得分	检查内容	得分
坐到站	3	无支持站立	3
站到坐	2	无支持坐位	3
转移	2	闭眼站	3
张开双臂向前伸	0	双脚站（并脚站立）	2
向后看	1	用一只脚站在面前（前后脚直线站立）	1
从地板上取物	1	单脚站立	0
转 360°（原地转圈）	1		
把脚交替放在凳子（双脚交替踏凳）	0		
总分	10		12
Berg 测试总分			22

1. 动态平衡测试结果

在实验中采用了 berg 平衡运动能力评估量表，对测试对象的身体动态平衡和能力稳定性进行了测量[①]。其中坐到站、站到坐、转移、张开双臂向前伸、转头向后看、从地板上取物、原地 360°、双脚交替踏凳 8 项为动态平衡测试项。动态平衡压力测试试验结果图表详见平衡测试结果表 11 - 7。

---

① 刘迎晨，瓮长水．用 Berg 平衡量表和步行速度判别脑卒中患者病区步行自立度的研究 [J]．环球中医药，2013，6（S1）：35 - 36．

干预之前的动态平衡能力测试成绩总分为 10 分。其中坐到站测试项，测试后的结果较好，用手帮助能够自己完全站立起来，稳定性也比较高；由站到坐项则需要用自己双腿后侧一个抵住脚的椅子来帮助控制自己身体以及重心的上下移动作才能顺利完成；转移动作需要成人监护和各种言语上的提示帮助才能顺利完成；向后看、从地板上取物、原地转 360°三项测试结果较差；向后看当干预对象转身时需要老师的监护才能完成；原地转 360°当转身时幼儿需要监护或使用言语给予提示；从站立位置上捡物，不能直接捡起来而当干预对象试图蹲下去捡时还需要家长或老师在旁边监护；双脚交替踏凳这项活动在干预之前干预对象不能尝试这项活动。

2. 静态平衡测试结果

采用 Berg 平衡量表，对干预对象的静态平衡活动能力进行测量。其中有无支撑站立、无支撑坐位、闭眼站、双脚并脚站立、前后脚直线站立、单脚站立 6 项。

干预前干预对象的静态平衡能力测试的总分为 12 分。闭眼站立在监护下才能站立 10 秒；无支撑坐位在监护下能坐 2 分钟左右，时间长会坐不住；无支撑站立测试项在监护下能站 2 分钟；前后脚直线站立需要帮助才能向前迈步站稳，且只能保持 15 秒左右的时间，功能较差；双脚并脚站立够独立将双脚并拢但站立时间不超过 30 秒，不能够尝试单脚站立。

轮滑干预前，干预对象的 Berg 量表评分均高于 20 分，表明测试对象有一定的平衡能力[①]。测试对象在平路上可独立行走，但上下楼梯时需搀扶楼梯扶手。对于独立坐位和独立站位及从坐位到站位等较为简单的测试项完成度较高，但单腿站立及从地面拾物对平衡要求较高的动作，还不能较好地完成。

（二）轮滑干预后测试结果

1. 动态平衡测试结果

本研究采用 Berg 平衡量表，对干预对象的平衡能力进行了测量[②]，干

---

① 周俊，杨叶萍，胡兰燕，等. Berg 量表在养老机构中的应用 [J]. 实用临床护理学电子杂志，2018，3（50）：8-9.

② 陈建贵，李文妍，高健，等. 综合康复训练对痉挛型脑性瘫痪患儿平衡功能及步态的影响 [J]. 中国中西医结合儿科学，2018，10（1）：12-15.

预 1、4、7、10、13、16、19、22 周 Berg 平衡量表动态平衡测试得分，测试结果详见图 11 - 3。

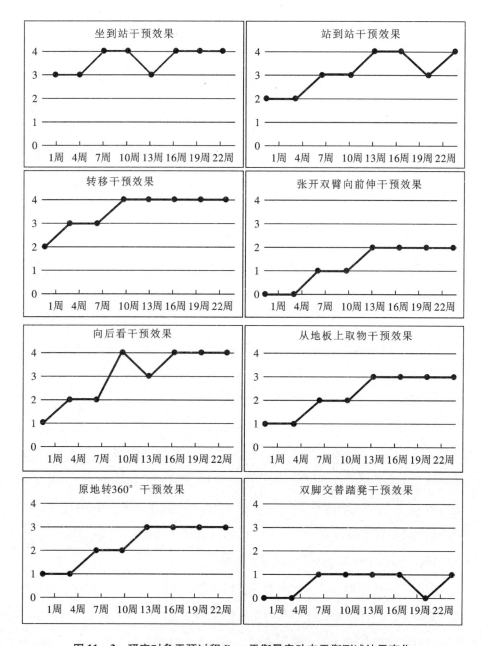

图 11 - 3 研究对象干预过程 Berg 平衡量表动态平衡测试结果变化

（1）轮滑对坐到站测试项的影响

由图 11 – 3 可知，坐到站测试项在第 0 周测试结果较好，用手帮助能够自己站起来，测试成绩达到 3 分；在干预后第 1、4 周成绩仍保持在 3 分，在干预 7 周不用手帮助就能站起且能够保持稳定，测试成绩达到满分 4 分，在干预后第 10、13、16、19、22 周成绩稳定在 4 分。干预效果良好。

（2）轮滑对站到坐测试项的影响

站到坐测试项在第 0 周测试成绩为 2 分，能坐 30 秒；在干预后第 1、4、7 周成绩仍保持在 2 分，在干预 10 周能够在监护下坐 2 分钟，测试成绩达到 3 分，且在干预后第 13、16、19、22 周后成绩稳定在 3 分。测试成绩稳定。

（3）轮滑对转移测试项的影响

由图 11 – 3 可知，转移测试项在第 0 周的测试成绩为 2 分，干预对象需要监护或言语提示才能完成此项活动；在干预后第 1、4 周成绩仍保持在 2 分，在干预第 7 周必须用手帮助才能够安全转移，测试成绩提高到 3 分，且在干预后第 10 周成绩稳定在 3 分；在干预第 13 周成绩达到满分 4 分，且在干预后第 16、19、22 周测试成绩保持良好。

（4）轮滑对张开双臂向前伸测试项的影响

由图 11 – 3 可知，张开双臂向前伸测试项在第 0 周表现为：当试图前伸时失去平衡或需要外界支撑，测试成绩为 0 分；在干预后第 1、4 周成绩仍无提高，在干预第 7 周能够前伸但需要监护，测试成绩提高到 1 分，且在干预后第 10 周后成绩稳定在 1 分；在干预第 13 周能够前伸 7 cm 的距离，成绩提高到 2 分，且在干预后第 16、19、22 周后测试成绩保持在 2 分。

（5）轮滑对转身向后看测试项的影响

由图 11 – 3 可知，转身向后看测试项在第 0 周测试成绩为 1 分，当转身时需要监护，功能较差；在干预后第 1 周成绩无提高，在干预 4 周后只能向侧方转身但能够保持平衡，测试成绩达到 2 分，且在干预后第 7 周成绩稳定在 2 分；在干预 10 周后只能从一侧向后看，另一侧重心转移较差，成绩提高到 3 分，且在干预后第 13 周测试成绩稳定在 3 分，在干预第 16 周测试成绩达到满分 4 分，能够从两侧向后看且重心转移良好，在干预第 19 周测试成绩稳定在 4 分；但在干预 22 周测试成绩为 3 分有所下降。

（6）轮滑对从地板上取物测试项的影响

由图 11-3 可知，从地板上取物测试项在第 0 周不能捡起并且当试图努力时需要监护，测试成绩为 1 分；在干预后第 1、4 周后成绩仍无提高，在干预 7 周后不能捡起但能够到达距离拖鞋 2~5 cm 的位置并且独立保持平衡，测试成绩提高到 2 分，且在干预后第 10 周后成绩稳定在 2 分；在干预 13 周后能够在监护下捡起拖鞋，成绩提高到 3 分，且在干预后第 16、19、22 周后测试成绩稳定在 3 分。

（7）轮滑对转 360°（原地转圈）测试项的影响

由图 11-3 可知，原地转 360°测试项在第 0 周，测试成绩为 1 分，转身时需要密切监护和言语提示；在干预后第 1、4 周成绩仍无提高，干预 7 周后能够安全地转一圈但用时超过 4 秒，测试成绩提高到 2 分，干预后第 10 周成绩稳定在 2 分；在干预 13 周能在一个方向用 4 秒安全转一圈，成绩提高到 3 分，且在干预后第 16、19、22 周测试成绩稳定在 3 分。

（8）轮滑对双脚交替踏凳测试项的影响

由图 11-3 可知，双脚交替踏凳测试项在第 0 周的时候干预对象不能尝试此项活动，测试成绩为 0 分；在干预后第 1、4、7 周成绩仍无提高，在干预 10 周后需要较小帮助才能够完成 2 个动作，测试成绩提高到 1 分，且在干预后第 13、16、19、22 周成绩稳定在 1 分。干预效果较差。

2. 静态平衡测试结果

本研究采用 Berg 平衡量表，对干预对象的平衡能力进行测量，干预 1、4、7、10、13、16、19、22 周 Berg 平衡量表动态平衡测试得分，详见图 11-4。

（1）轮滑对无支撑站立测试项的影响

由图 11-4 可知，无支撑站立测试项在第 0 周测试成绩为 2 分，能够独立站立 30 秒；在干预后 1 周后成绩仍无提高，干预 4 周后能够在监护下站立 2 分钟，测试成绩提高到 3 分，且在干预后第 7、10 周成绩稳定在 3 分；在干预 13 周后能够安全站立 2 分钟，测试成绩达到满分 4 分，且在第 16、19、22 周稳定在 4 分。干预效果较好。

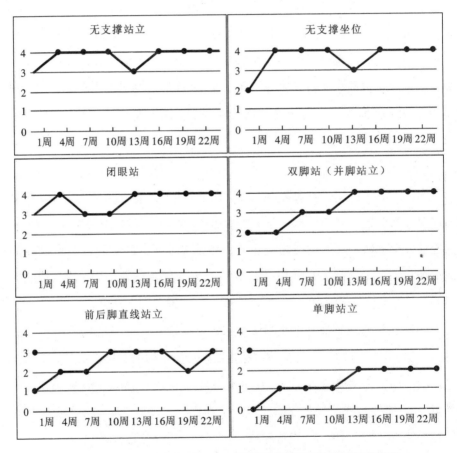

图 11-4　研究对象干预过程 Berg 平衡量表静态平衡测试结果变化

（2）轮滑对无支撑坐位测试项的影响

由图 11-4 可知，无支撑坐位测试项在第 0 周测试成绩为 2 分，能够坐 30 秒；在干预 1 周后成绩仍无提高，在干预 4 周后能够在监护下坐 2 分钟，测试成绩提高到 3 分；在干预后第 7 周能够安全地坐 2 分钟，测试成绩达到满分 4 分，且在第 10、13、16、19、22 周后稳定在 4 分。

（3）轮滑对闭眼站立测试项的影响

由图 11-4 可知，闭眼站测试项在第 0 周测试成绩为 3 分，干预对象能够在教师的监护下站立 10 秒；在干预后 1、4、7 周成绩仍保持在 3 分；在干预 10 周后能够安全站立 10 秒，测试成绩达到满分 4 分，且在干预后 13、16、19、22 周后成绩稳定在 4 分。

（4）轮滑对双脚站测试项的影响

由图 11-4 可知，双脚并脚站立测试项在第 0 周测试成绩为 2 分，表现为能够独立双脚并拢但不能站立 30 秒；在干预后第 1、4、7 周成绩仍保持在 2 分，较稳定；在干预 10 周后能独立将双脚并拢并在监护下站立 1 分钟，测试成绩提高 1 分，且在干预后第 13 成绩稳定；在干预 16 周后能够独立将双脚并拢并独立站立 1 分钟，测试成绩达到满分 4 分，在干预 19、22 周后测试成绩稳定在 4 分。

（5）轮滑对前后脚直线站立测试项的影响

由图 11-4 可知，前后脚直线站立测试项在第 0 周测试成绩为 2 分，干预对象能够独立地将一只脚向前迈一小步并且能够保持在 30 秒左右；在干预后第 1、4、7、10、13 周成绩仍保持在 2 分；在干预第 13 周能够独立地将一只脚放在另一只脚的前方且保持 30 秒，测试成绩提高 1 分，且在干预后第 16 周测试成绩稳定在 3 分；在干预 19 周后能够独立地将一只脚放在另一只脚的正前方且保持 30 秒，测试成绩达到满分 4 分，在干预 22 周后测试成绩稳定在 4 分。

（6）轮滑对单腿站立测试项的影响

由图 11-4 可知，单腿站立测试项在第 0 周测试成绩为 0 分，干预对象不能够尝试此项活动，当尝试此项活动时需要帮助以避免跌倒；干预 4 周后成绩仍提高 1 分，经过努力能够抬起一条腿，但保持时间不足 3 秒站立平衡；干预第 7 周测试成绩不变；在干预第 10 周能够独立抬起一条腿且保持 3~5 秒，测试成绩达到 2 分，且在干预后第 13、16、19、22 周后测试成绩稳定在 2 分。干预效果较差。

3. 轮滑干预前后实验数据对比分析

由图 11 –5 可知，本研究采用 Berg 平衡平衡量表，对干预对象的平衡能力进行测量，轮滑干预前后干预对象 Berg 平衡量表测试得分变化结果详见图 11 –5。

由图 11 –5 可知，干预后实验对象的 Berg 平衡量表测试项目成绩均有提高，其中坐到站、转移、张开双臂前伸、向后看、地板上取物、转 360°、双脚并拢站、两脚前后站、单腿站等测试项成绩提升较明显，向后看测试成绩提升最大；坐到站、双脚交替踏凳、无支撑站立、无支撑坐位、闭眼站测试成绩干预前后无大变化。

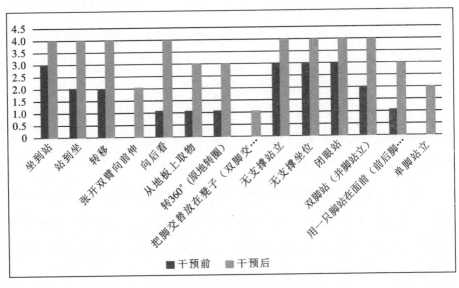

图 11 –5　个案在干预前后平衡能力的对比

4. 轮滑对脑瘫儿童动静态平衡能力的影响

干预对象动静态平衡能力干预效果总趋势图，详见图 11 –6。

由图 11 –6 可以知，干预对象在干预前后动静态平衡能力都有所提高，且上升明显。干预前到干预后第 7 周静态平衡一直优于动态平衡；在干预第 7 周后动态平衡能力优于静态平衡能力，且一直保持在静态平衡之上；干预 19 周后干预对象的动、静态平衡测试成绩有小波动。可知干预对象的动态平衡能力干预效果较静态平衡能力干预效果较好。尤其是干预中期，进步最明显。

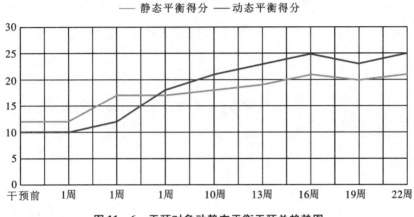

图 11 - 6　干预对象动静态平衡干预总趋势图

四、小结

（1）经过 16 周的轮滑干预，动态平衡测试成绩提高 15 分，静态平衡测试成绩提高 9 分。轮滑干预对脑瘫儿童的平衡能力是有效的，对干预对象的动、静态平衡能力的干预有积极效果，且在干预后脑瘫儿童的平衡能力较稳定。

（2）干预对象情绪越高、参与干预训练的积极性越高、家长对干预的配合度高，干预效果越好，干预测试成绩提升越明显。

（3）在干预前，干预对象有接受过药物治疗，干预对象 berg 平衡量表测试总得分高于 20 分，有一定的平衡能力，也是导致干预结果较好的原因之一。

第三节 花样轮滑运动对 4～6 岁幼儿
平衡能力影响的实验研究

4 至 6 岁是幼儿身体机能健康发展的关键期。为深入贯彻《国家中长期教育改革和发展规划纲要（2010—2020）》和《国务院关于当前发展学前教育的若干意见》。2012 年 10 月，我国教育部正式颁布《3～6 岁儿童学习与发展指南》。《指南》中位列第一重要的健康领域中强调：3～6 岁幼儿"应具有一定的平衡能力，动作协调、灵敏"。4～5 岁幼儿"能在较窄的低矮物体上平稳的走一段距离"；5～6 岁幼儿"能在斜坡、荡桥和有一定间隔的物体上较平稳地行走"①。人们也愈发意识到幼儿的平衡能力在预防意外伤害事件中起着重要作用。且可推测成年后身体平衡能力的高低与其幼儿阶段的平衡能力水平高低及其练习有关②。由此可见平衡能力在幼儿阶段的重要性。近年来学界关于幼儿平衡能力方面的研究越来越多，利用中国知网搜索近五年硕博士论文篇关摘：幼儿与平衡能力，文章多达 66 篇；搜索近五年硕博士论文主题：幼儿与平衡能力，文章多达 108 篇；搜索近三年硕博士论文全文：幼儿与平衡能力，文章多达 838 篇。

国内关于幼儿平衡能力的培养是从幼儿园的体育活动中进行，主要从教学内容、场地器材、教学方法等方面综合进行，主要目的是激发幼儿的运动兴趣，促进幼儿身体心理健康发展③。对平衡能力的测试方法及评估办法最早起步于医学运动康复，对测试方法的改善及总结较为注重。根据不同的人

---

① 刘肖月. 平衡车对 3－6 岁幼儿平衡能力的干预效果研究［J］. 体育师友，2021，44（1）：45－47.
② 于金龙，刘善云，连志强，等. 轮滑结合核心力量训练对中老年男性跌倒风险干预研究［J］. 河北师范大学学报（自然科学版），2017，41（4）：363－368.
③ 张晓东. 3～6 岁幼儿平衡能力课程方案开发的实证性研究［D］. 北京：首都体育学院，2019.

群进行选择相应的测试方法，更好地达到测试者需求的目的①。国外注重幼儿平衡能力的培养，将平衡能力的培养设计于整个体育活动当中，重点针对幼儿时期的各项基本活动，攀爬、跑跳、感触、前庭等，利用游戏进行幼儿体育活动的开展，融入幼儿基本体操、舞蹈等元素，从而达到发展平衡能力及协调能力等培养②。

　　本实验以花样轮滑运动为依托，探究幼儿练习花样轮滑与幼儿平衡能力之间的关系，促进花样轮滑运动在幼儿教育阶段的开展与运用。通过对 4～6 岁幼儿进行花样轮滑运动教学，进一步发展幼儿的平衡能力以及相关身体素质。

一、实验设计

（一）实验目的

　　通过对实验组幼儿进行为期 12 周的花样轮滑活动教学，探究其与 4～6 岁幼儿平衡能力之间的关系。

（二）实验对象

　　从爱诺幼儿园特色轮滑班中选取 40 位幼儿作为实验组。按实验组幼儿人数的班级占比选择对照组。（如 A1 班实验组有 6 人，则对照组也选择 6 人，以确保对照组实验组日常学习活动大致相同）对实验组幼儿进行为期 12 周的花样轮滑运动教学，对照组幼儿不进行轮滑学习，允许参加其他各类活动，能有针对性地发展平衡能力的活动除外。

（三）实验时间和地点

　　从 2021 年 9 月 24 日开始至 12 月 17 日结束，进行为期 12 周的花样轮滑活动教学。实验组 40 人分两班进行教学，每周一下午四点半到五点半。实验地点为爱斯诺幼儿园多功能厅。

（四）实验内容

　　对实验对象进行为期 12 周的花样轮滑运动教学，每周一次或两次（最

---

　　①　史建华，谢康 . 3～6 岁幼儿平衡能力测试方法的比较研究［J］. 当代体育科技，2020，10（7）：205＋207.

　　②　王军朝 . 动作发展视角下 3－6 岁幼儿体育教学模式的研究［D］. 长春：吉林体育学院，2017.

后两周各增加一次课），每次 60 分钟①。

表 11 - 8　实验组花样轮滑教学内容

轮滑内容	教学内容	具体教学方法	学时
轮滑基础内容	扶膝原地踏步	穿轮滑装备八字站立于海绵垫上，弯腰屈膝双手扶膝盖，抬脚落脚迅速且抬脚过程中双手不离开膝盖。	1 学时
	踏步前进	八字站立双手扶膝开始，目视前方，抬右脚至右前方左脚随即跟上双脚后跟贴紧呈外八字，抬左脚重复动作。	1 学时
	刹车器制动	滑动中抬右脚尖，脚后跟着地使刹车器接触地面，双手扶右膝盖。	1 学时
	摔倒、起立	前摔：屈膝屈肘，膝肘手依次着地。后摔，摔倒时屈肘，手肘后撑。起立：双手、双膝、双脚着地呈跪姿，直起上身呈单膝跪地姿势，双手撑于膝盖全身发力起身。	1 学时
	螃蟹步	摆 8 个轮滑桩每个间隔 80cm 呈一条直线，侧对第一个轮滑桩开始，侧向跨过轮滑桩。	1 学时
花样轮滑内容	单脚 S 绕桩	摆 8 个轮滑桩每个间隔 80cm 呈一条直线，一只脚平行桩滑行，另外一只脚绕轮滑桩 S 型滑行。	3 学时
	前葫芦绕桩	八字站立开始，左右脚同时发力向左前方右前方画弧线，滑行至双脚平行轮滑桩时双脚转为内八字向内收紧画弧线，重复动作。	2 学时
	前葫芦刹车	在学习了前葫芦绕桩的基础上将该技术用于滑行制动。滑行刹车前适当将双脚间距打开，其后双脚发力内收制动，脚尖不相接触。	2 学时
	一字滑行	滑行过程中双手侧平举，熟练脚在前，另外一只脚在后，前脚微屈膝，后膝伸直，双脚处于一条直线。	3 学时
	双鱼滑行	在学习了单脚 S 绕桩的基础上，将单脚绕桩升级为双脚绕桩。从距离第一个桩两米距离的侧方向出发，入桩后双手侧平举双脚保持平行，转髋转膝从而带动双脚转动，绕轮滑桩 S 形前进。	3 学时

---

① 王岐富，刘勇．幼儿轮滑［M］．长沙：湖南师范大学出版社，2017：66 - 89.

（五）实验变量

1. 实验自变量

花样轮滑教学活动。按照前述设计的花样轮滑运动课程对实验组幼儿进行花样轮滑活动教学。

2. 实验因变量

实验组幼儿平衡能力。通过为期 12 周的花样轮滑运动教学，预期实验组幼儿平衡能力相较对照组幼儿平衡能力有明显提升。

3. 无关变量及控制

（1）实验中花样轮滑教师经验、年龄、学历水平应保持在同一水平区间。（2）受试者实验期间不进行其他额外有针对性的平衡训练。（3）实验组和对照组除花样轮滑活动教学有差异外其他活动照常不变。

（六）实验具体实施过程

实验正式开始前对参与花样轮滑课程教学的教师进行培训，培训内容主要使教师明确教学内容，从而有效实施实验并确保教学过程中不出现安全事故[①]。具体每节花样轮滑课实施步骤如下：

第一步：每周教学开始前教师从各班接待幼儿到多功能厅准备上课，并准时组织幼儿更换护具与装备，带领幼儿进行轮滑专项性的准备活动。

第二步：准备活动后进行基础内容和花样轮滑内容教学。并在此期间拍摄视频以作观察。

第三步：课程结束后，教师带领幼儿进行放松，协助幼儿脱卸装备，其后送幼儿回各自班级由班主任联系家长将幼儿接回。

准备部分 15 分钟；基本部分 30 分钟；结束部分 15 分钟。

（七）实验测量指标

本次实验测量指标选用刘佳的《动作训练对 4 岁幼儿平衡能力影响的实验研究》（2013），其中动态平衡能力测试指标三个，静态平衡能力测试指标三个[②]。

[①] 陈俊胜. 快乐体操训练对 5－7 岁儿童平衡能力影响的实验研究 [D]. 扬州：扬州大学，2020.

[②] 刘佳. 动作训练对 4 岁幼儿平衡能力影响的实验研究 [D]. 石家庄：河北师范大学，2015.

表11-9 4~6岁幼儿平衡能力测量量表

动静态平衡能力	测量项目	测量方法	测量工具
静态平衡能力测试	①Romber 检查法	受试者两足一前一后,足尖接足跟直立,双手叉腰记录受试者闭眼时间。测量一次。	秒表
	②睁眼单腿直立查法	受试者自然直立,一只脚支撑另外一只脚抬起时开始计时,支撑脚移动或抬起脚落地计时结束。测量两次取最好成绩。记录以秒为单位,不计小数。	秒表
	③闭眼单腿直立检查法	受试者自然直立,一只脚支撑,另外一只脚抬起时闭眼开始计时,支撑脚移动或抬起脚落地计时结束。测量两次取最好成绩。记录以秒为单位,不计小数。	秒表
动态平衡能力测试	①闭眼原地踏步法	受试者站立在直径40厘米的圆圈内,带上眼罩,听到口令后以120步/min的节奏做原地踏步,计时开始,自然摆臂。第二只脚脚跟踏出圈外计时结束。测量两次,取平均值。	秒表、眼罩、粉笔、节拍器
	②前庭步测试法	在地上画一条横线,再在横向左端画一条50厘米的垂直线,受试者左脚放在直角内,脚后跟抵住横线,左脚左外侧平行垂直线,右脚齐平站立。受试者戴眼罩向前走10步,停止时以左脚外沿为标志,测量与开始时左脚外沿的距离,测量一次。	尺子、眼罩
	③平衡木行走时间测试法	受试者站在"起点线"后的平台上,面向平衡木,双臂侧平举,当听到"开始"的口令后,双脚交替向"终点线"方向前进,计时开始。受试者任意一脚尖超过"终点线"计时停止。测试两次,取最好成绩。以秒为单位,取小数点后一位。小数点后第2位数,按非"0"进"1"的原则进位。	平衡木、秒表

注:平衡木采用《国民体质检测(幼儿部分)》标准,高0.3米、宽0.1米、长3米。

（八）实验条件

1. 技术要求

花样轮滑专业理论知识、花样轮滑技术技能、幼儿花样轮滑教学实践经验、了解4~6岁幼儿平衡能力发展特点及其身心发展规律①。

2. 工作要求

研究态度端正，研究方法可行，研究数据可靠，分析处理数据能力扎实。

3. 器材

单排轮滑鞋、轮滑护具、轮滑桩、音箱、笔纸、秒表、录像设备、平衡木、口哨等。

二、花样轮滑运动教学前后实验组和对照组平衡能力测试结果

（一）花样轮滑运动教学前测结果

在实验组进行花样轮滑运动教学前，对实验组与对照组幼儿分别进行了平衡能力的测量，测量结果如表11-10。对动态平衡能力和静态平衡能力各个指标分别进行 P 值分析，结果显示各项 P 值均大于0.05。这表示实验组与对照组在实验前平衡能力各指标不具显著差异性，有进行实验的价值。

表11-10 花样轮滑活动教学前测数据结果

平衡能力	测量指标	实验组 $\bar{x} \pm SD$	对照组 $\bar{x} \pm SD$	P
动态平衡能力	①闭眼原地踏步法（s）	6.30 ± 1.05	5.95 ± 1.08	0.711
	②前庭步测试法（cm）	24 ± 3.80	24 ± 2.96	0.285
	③平衡木行走时间测试法（s）	14.40 ± 2.00	13.49 ± 1.75	0.271
静态平衡能力	①Romber 检查法（s）	25.54 ± 1.58	25.16 ± 1.58	0.256
	②睁眼单腿直立检查法（s）	6.77 ± 1.86	6.32 ± 1.82	0.303
	③闭眼单腿直立检查法（s）	4.57 ± 0.96	4.25 ± 1.09	0.442

注：$P < 0.05$ 具有差异性用*表示，$P < 0.01$ 具有显著性差异用**表示。

---

① 刘钟锡. 轮滑对学龄前儿童平衡能力影响的实验研究 [D]. 济南：山东师范大学，2015.

（二）花样轮滑运动教学后测结果

前测完成后开始了对实验组为期 12 周的花样轮滑运动教学，教学结束后对实验组幼儿与对照组幼儿分别进行了同指标的数据测试，测试结果如表 11 - 11。

动态平衡能力测量指标中闭眼原地踏步法实验组平均成绩为 11. 09 秒，相较对照组高 1. 92 秒；前庭步测试法实验组平均成绩为 15 厘米，相较对照组高 4 厘米；平衡木行走时间测试法实验组平均成绩为 8. 01 秒，相较对照组高 5. 41 秒。

静态平衡能力测试指标中 Romer 检查法实验组平均成绩为 29. 28 秒，相较对照组高 1. 16 秒；睁眼单腿直立检查法实验组平均成绩为 11. 36 秒，相较对照组高 5. 3 秒；闭眼单腿直立检查法实验组平均成绩为 7. 9 秒，相较对照组高 3. 03 秒。

对实验组与对照组各项测量指标数据结果进行分析后得到各组 P 值除静态平衡能力 Romber 检查法大于 0. 01 其余各组均小于 0. 01，表明实验组与对照组幼儿后测数据具有显著性差异。实验组幼儿经过学习花样轮滑，动静态平衡能力较实验前有显著提升，且各项平衡能力测试项目成绩均优于对照组。

表 11 - 11　花样轮滑活动教学后测数据结果

平衡能力	测量指标	实验组 $\bar{x} \pm SD$		对照组 $\bar{x} \pm SD$		P
		前测	后测	前测	后测	
动态平衡能力	①闭眼原地踏步法(s)	6. 30 ± 1. 05	11. 09 ± 2. 52	5. 95 ± 1. 08	9. 17 ± 2. 35	0. 000 **
	②前庭步测试法(cm)	24 ± 3. 80	15 ± 3. 53	24 ± 2. 96	19 ± 5. 55	0. 000 **
	③平衡木行走时间测试法(s)	14. 40 ± 2. 00	8. 01 ± 1. 33	13. 49 ± 1. 75	13. 42 ± 2. 68	0. 000 **
静态平衡能力	①Romber 检查法(s)	25. 54 ± 1. 58	29. 28 ± 1. 55	25. 16 ± 1. 58	28. 12 ± 2. 48	0. 013 *
	②睁眼单腿直立检查法(s)	6. 77 ± 1. 86	11. 36 ± 2. 88	6. 32 ± 1. 82	8. 06 ± 1. 77	0. 002 **
	③闭眼单腿直立检查法(s)	4. 57 ± 0. 96	7. 9 ± 2. 06	4. 25 ± 1. 09	4. 87 ± 1. 04	0. 000 **

注:$P < 0.05$ 具有差异性用 * 表示,$P < 0.01$ 具有显著性差异用 ** 表示。

（三）实验组与对照组花样轮滑运动教学前后结果对比

对实验组幼儿在花样轮滑活动教学后测量的各项平衡能力数据进行分析得到各指标 P 值除动态平衡能力中前庭步测试法及静态平衡能力中 Romber 检查法外其他各项均小于 0.01 具有显著性差异，表明实验组幼儿在进行了为期 12 周的花样轮滑活动教学后平衡能力得到显著提升。

对实验组幼儿平衡能力前后测结果进行分析后可知后测各项平衡能力指标成绩均优于前测成绩，动静态平衡能力各指标成绩都有不同程度的提升。且从表 11 - 12 中各项 P 值可知实验组幼儿通过花样轮滑运动教学其静态平衡能力提升效果优于动态平衡能力。

表 11 - 12　花样轮滑活动教学后实验组数据对比结果

平衡能力	测量指标	实验组前测 $\bar{x} \pm SD$	实验组后测 $\bar{x} \pm SD$	t	P
动态平衡能力	①闭眼原地踏步法（s）	6.30 ± 1.05	11.09 ± 2.52	- 10.156	0.001**
	②前庭步测试法（cm）	24 ± 3.80	15 ± 3.53	11.823	0.070
	③平衡木行走时间测试法（s）	14.40 ± 2.00	8.01 ± 1.33	15.814	0.000**
静态平衡能力	①Romber 检查法（s）	25.54 ± 1.58	29.28 ± 1.55	- 9.292	0.017*
	②睁眼单腿直立检查法（s）	6.77 ± 1.86	11.36 ± 2.88	- 8.439	0.000**
	③闭眼单腿直立检查法（s）	4.57 ± 0.96	7.9 ± 2.06	- 8.092	0.000**

注：$P < 0.05$ 具有差异性用 * 表示，$P < 0.01$ 具有显著性差异用 ** 表示。

对对照组在园正常课程学习后平衡能力数据进行分析得到动态平衡能力测试指标中的闭眼原地踏步法和前庭步测试法 P 值均小于 0.01，平衡木行走时间测试法 P 值小于 0.05。静态平衡能力测试指标中 Romber 检查法 P 值小于 0.05，睁眼单腿直立检查法和闭眼单腿直立检查法 P 值均大于 0.05。表明对照组幼儿经正常课程学习之后动态平衡能力具有显著提升，静态平衡能力提升不具显著性。

表 11 - 13　花样轮滑活动教学后对照组数据对比结果

平衡能力	测量指标	对照组前测 $\bar{x} \pm SD$	对照组后测 $\bar{x} \pm SD$	t	P
动态平 衡能力	①闭眼原地踏步法（s）	5.95 ± 1.08	9.17 ± 2.35	-7.479	0.000**
	②前庭步测试法（cm）	24 ± 2.96	19 ± 5.55	4.293	0.000**
	③平衡木行走时间测法（s）	13.49 ± 1.75	13.42 ± 2.68	0.052	0.010*
静态平 衡能力	①Romber 检查法（s）	25.16 ± 1.58	28.12 ± 2.48	-6.060	0.010*
	②睁眼单腿直立检查法（s）	6.32 ± 1.82	8.06 ± 1.77	-4.378	0.675
	③闭眼单腿直立检查法（s）	4.25 ± 1.09	4.87 ± 1.04	-2.557	0.716

注：$P < 0.05$ 具有差异性用 * 表示，$P < 0.01$ 具有显著性差异用 ** 表示。

三、花样轮滑运动教学后实验组与对照组平衡能力得分结果分析

（一）花样轮滑运动教学前后幼儿静态平衡能力等级评价差异分析

对实验组与对照组幼儿静态平衡能力中 Romber 检查法、睁眼单腿直立检查法、闭眼单腿直立检查法三项指标进行等级划分结果如下。

从图 11 - 7 中可以看出，对实验组幼儿和对照组幼儿在实验前后的数据进行测试对比，其成绩大多分布于 24 ~ 29 秒成绩区间。前测数据中实验组与对照组幼儿测试结果相近，实验组实验前 Rombei 检查法成绩多在 24 ~ 25 秒区间，占比 51.2%。对照组实验前 Rombei 检查法成绩分布也多在 24 ~ 25 秒区间，占比 48.7%。经过为期 12 周的花样轮滑活动教学后实验组后测成绩有明显提升，测试结果在 28 ~ 29 秒区间的人数占比为 51.2%。对照组后测整体成绩也有提升，但相较实验组提升不显著。

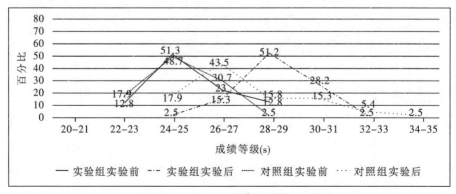

图 11 - 7　Romber 检查法成绩统计图

实验组幼儿通过花样轮滑活动的练习，有效地提升了身体协调能力，下肢肌肉群对身体的控制。由原本全脚掌着地到穿轮滑鞋进行练习，减小了脚部着地面积，从而提高了实验组幼儿对身体姿态的控制。

从图 11-8 中可以看出实验组实验前、对照组实验前、对照组实验后三组数据都在 6～7 秒成绩区间占比较大，分别为 35.8%、43.5%、41%。这表明对照组在实验期间所进行的为期 12 周正常课程的学习对其提升睁眼单脚支撑动作水平不显著。相比之下实验组后测数据大多分布于 8～9 秒与 10～11 秒成绩区间，都为 25.6%。显然，从实验组幼儿从实验前的 6～7 秒成绩区间占比 35.8% 到实验后 8～11 成绩区间占比 51.2% 可知实验组幼儿通过花样轮滑活动练习有效提升了其睁眼单脚站立时间。可证明通过花样轮滑活动的练习能较为有效提升幼儿静态平衡能力。

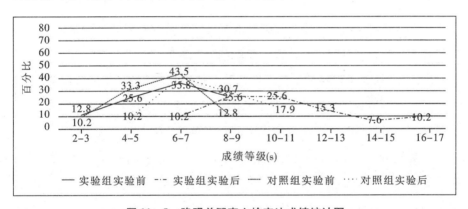

图 11-8 睁眼单腿直立检查法成绩统计图

由于在练习螃蟹步动作时有单脚着地而另一只脚抬起的间隔，由此可以提升实验组幼儿对于单脚着地时对身体的控制，以应对单脚着地减小了着地面积时的身体摇晃。通过螃蟹步动作的练习有效提高了实验组幼儿单脚直立能力。

从图 11-9 中可知实验组实验前、对照组实验前后闭眼单腿直立的成绩大多分布于 4～5 秒成绩区间，分别是 53.8%、46.1%、61.5%。实验组幼儿在进行了为期 12 周的花样轮滑活动练习后其闭眼单脚直立时间明显提升，成绩大多分布于 6～7 秒区间，占比 46.1%，且 8～13 秒成绩区间占比人数显著提升至 40.9%。由此可知花样轮滑运动对幼儿静态平衡能力的提升具有显著效果。

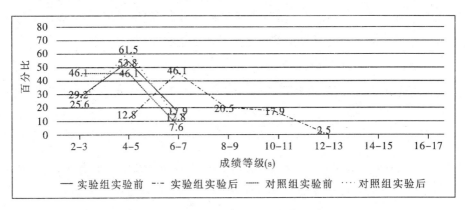

图 11 - 9   闭眼单腿直立检查法成绩统计图

进行一字滑行的练习可以达到减小双脚站地面积而提高对肢体操控能力，通过双鱼动作的练习能有效提高实验组幼儿腿部灵活性及腿与躯干的协调能力从而提高了实验组幼儿在闭眼测试中的水平。

（二）花样轮滑活动教学前后幼儿动态平衡能力等级评价差异分析

对实验组与对照组幼儿动态平衡能力中闭眼原地踏步法、前庭步测试法、平衡木行走时间测试法三项指标进行等级划分结果如下。

从图 11 - 10 中可以看出实验组与对照组在实验前闭眼原地踏步法测试成绩大致相同，大多分布于 5 ~ 6 秒成绩区间分别为 51.2% 和 58.9%。由此通过实验后进行比较更能得出实验组与对照组幼儿之间的差别。从实验数据图中可知实验后实验组与对照组幼儿在闭眼原地踏步这项能力测试上都有不同程度的提升。对照组由实验前 5 ~ 6 秒成绩区间占比 58.9% 到实验后 7 ~ 12 秒成绩区间总占比 66.1%。由此可知对照组幼儿通过正常的课程学习也能在此项能力测试中有较为显著的提高。但实验组幼儿通过花样轮滑练习之后，闭眼原地踏步测试成绩提升更为明显，从 5 ~ 6 秒成绩区间占比 51.2% 提升到了 9 ~ 12 秒成绩区间总占比 66.6%。

实验组幼儿在练习前葫芦绕桩和单脚 S 绕桩练习中学会了对短距离的掌握和控制，通过不断地练习其能够较好地掌握轮滑桩前后距离，从而完成这两项花样轮滑动作，进而提高了实验组幼儿在闭眼原地踏步中的整体水平。

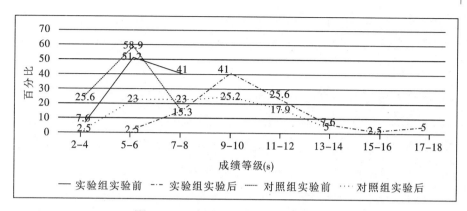

图 11 - 10　闭眼原地踏步法成绩统计图

从图 11 - 11 可以看出实验组与对照组实验前前庭步测试成绩相近且对照组前测成绩稍优于实验组。实验组幼儿实验前前庭步测试成绩大多分布于 26～23 cm 成绩区间，占比 46.1%。对照组幼儿实验前前庭步测试成绩大多分布于 26～19 cm 成绩区间，总占比 81.9%。在经过为期十二周的花样轮滑教学后，实验组幼儿前庭步后测成绩有显著提升，18～11 cm 成绩区间总占比 71.6%。说明通过花样轮滑活动的练习能有效提高幼儿前庭步测试能力。对照组后测成绩在原有 26～23 cm 成绩区间占比有所下降但 18～11 cm 成绩区间总占比为 43.5% 相较实验前有明显提高。这可以说明通过对照组幼儿正常课程的学习可以提高部分幼儿前庭步测试成绩，但总体前庭步水平的提升不如花样轮滑课程的学习。

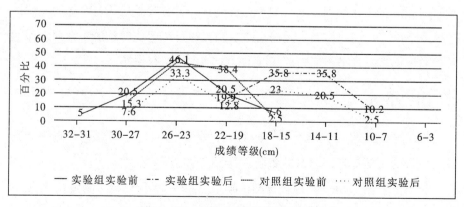

图 11 - 11　前庭步测试法成绩统计图

实验组花样轮滑动作练习中的一字滑行对前庭步测试成绩的提高有较为

明显的促进作用。在练习一字滑行时实验组幼儿需要双脚前后开立，在惯性的作用下保持直线滑行一段距离，这有效地锻炼了实验组幼儿在前庭步测试这一方面的能力。

从图 11 - 12 中可知，实验组平衡木行走前测成绩大多分布于 12 ~ 11 秒区间，占比 33.3%，对照组平衡木行走前测成绩大多分布于 12 ~ 11 秒区间，占比 46.1%。实验前对照组走平衡木成绩优于实验组成绩。实验后对照组 10 ~ 9 秒成绩区间占比有提升，但总体成绩无明显变化。实验组实验后平衡木行走总体成绩明显提高，8 ~ 7 秒成绩区间占比提升至 61.5%。

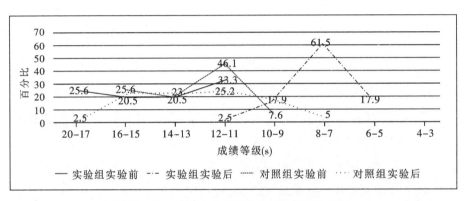

图 11 - 12 平衡木行走时间测试法成绩统计图

说明通过花样轮滑动作的练习可以有效缩短实验组幼儿走平衡木的时间。由于花样轮滑动作的练习都是在脚穿轮滑鞋的基础上完成，而轮滑鞋与护具的穿戴并在此基础上进行学习有效地提升了实验组幼儿对身体的控制能力以及下肢与身体的协调。进而实验组幼儿通过练习花样轮滑一系列动作的学习锻炼了其综合平衡能力，克服了站上独木桥的畏惧感。

四、小结

4 ~ 6 岁幼儿经过为期十二周的花样轮滑运动教学后其静态平衡能力测试成绩得到显著提升，动态平衡能力测试成绩得到有效提高。

静态平衡能力 romber 检查法测试结果由 24 ~ 25 秒成绩区间占比 51.2% 提升至 28 ~ 29 秒成绩区间占比 51.2%；睁眼单脚直立检查法测试结果由 6 ~ 7 秒成绩区间占比 35.8% 提升至 8 ~ 11 秒成绩区间占比 51.2%；闭眼单腿

直立检查法测试结果由 4~5 秒成绩区间占比 53.8% 提升至 6~7 秒成绩区间占比 46.1%。

动态平衡能力前庭步测试结果由 26~23 cm 成绩区间占比 46.1% 提升至 14~11 cm 成绩区间占比 35.8%；闭眼原地踏步法测试结果由 5~6 秒成绩区间占比 51.2% 提升至 9~10 秒成绩区间占比 41%；平衡木行走时间测试法结果由 12~11 秒成绩区间占比 33.3% 提升至 8~7 秒成绩区间占比 61.5%。

由此可知花样轮滑运动对幼儿动态平衡能力和静态平衡能力的提高都有不同程度的促进作用且花样轮滑运动对幼儿静态平衡能力的提升程度高于对幼儿动态平衡能力的提高程度。幼儿在通过正常课程学习之后其动态平衡能力有较为显著的提升。

注：具体的测量指标和轮滑课程运动方案见附件 4、附件 5。

附 件

附件 1　实验组轮滑实验课程练习前后平衡能力测试成绩

序号	性别	年龄	平衡木测试（实验前）	单脚睁眼测试（实验前）	单脚闭眼测试（实验前）	平衡木测试（实验后）	单脚睁眼测试（实验后）	单脚闭眼测试（实验前后）
实 1	男	4	18.62	3.12	1.57	10.59	6.16	4.21
实 2	男	4	19.56	2.59	1.92	8.20	7.53	5.09
实 3	男	4	20.82	3.51	1.89	8.59	7.16	5.63
实 4	男	4	21.62	3.44	4.06	5.29	8.73	8.93
实 5	男	4	22.14	4.76	5.02	7.93	9.00	9.05
实 6	女	4	15.09	2.66	2.56	9.89	7.03	6.57
实 7	女	4	11.56	3.04	2.49	6.29	7.82	5.64
实 8	女	4	15.80	4.19	3.19	7.93	9.55	7.81
实 9	女	4	10.84	4.26	3.27	5.86	10.64	6.29
实 10	女	4	12.44	4.03	5.68	4.29	8.91	11.38
实 11	男	5	12.01	6.14	5.55	5.53	10.00	11.53
实 12	男	5	10.23	6.28	4.93	7.16	9.61	10.27
实 13	男	5	13.25	5.97	5.87	4.15	9.00	10.17
实 14	男	5	9.17	7.33	6.57	4.28	12.03	13.56
实 15	男	5	9.15	8.65	8.27	6.12	13.26	12.61
实 16	女	5	10.63	6.49	4.51	5.27	11.62	8.24
实 17	女	5	10.88	7.85	6.06	4.03	11.38	10.62
实 18	女	5	6.33	8.66	7.49	4.51	13.54	11.87
实 19	女	5	8.21	8.14	8.28	5.83	14.27	11.71
实 20	女	5	12.38	9.86	7.54	5.01	14.2	13.29
实 21	男	6	12.21	9.72	4.89	4.73	15.27	9.56
实 22	男	6	9.42	10.6	7.09	3.82	15.37	12.46
实 23	男	6	7.06	10.98	6.39	3.52	16.03	12.74
实 24	男	6	7.54	11.84	8.27	3.56	16.78	14.86
实 25	男	6	6.63	11.71	9.56	3.73	15.92	13.24
实 26	女	6	9.26	11.26	9.06	3.49	17.39	14.68
实 27	女	6	10.29	8.96	7.96	4.86	13.21	11.02
实 28	女	6	6.97	12.82	10.51	2.51	18.06	17.09
实 29	女	6	6.63	12.80	12.75	3.03	18.64	15.06
实 30	女	6	5.96	13.54	11.84	3.00	19.68	16.33

对照组轮滑实验课程练习前后平衡能力测试成绩

序号	性别	年龄	平衡木测试（实验前）	单脚睁眼测试（实验前）	单脚闭眼测试（实验前）	平衡木测试（实验后）	单脚睁眼测试（实验后）	单脚闭眼测试（实验前后）
对1	男	4	20.03	2.59	1.59	15.08	4.68	2.34
对2	男	4	21.37	2.76	1.88	16.87	2.53	3.09
对3	男	4	19.22	4.00	2.07	15.31	3.66	4.71
对4	男	4	20.54	3.44	3.98	16.20	5.14	3.52
对5	男	4	18.96	5.28	3.54	15.24	6.51	4.52
对6	女	4	17.61	2.93	2.06	15.68	3.63	4.92
对7	女	4	18.47	2.51	2.59	15.22	6.53	5.93
对8	女	4	18.16	3.87	3.54	16.06	5.37	4.13
对9	女	4	17.53	4.96	3.17	13.47	6.99	4.43
对10	女	4	20.99	4.11	4.28	15.03	6.19	6.14
对11	男	5	11.57	6.62	4.95	10.65	7.63	4.81
对12	男	5	12.95	6.71	4.82	11.31	8.08	5.86
对13	男	5	12.52	6.82	5.51	9.93	6.31	7.32
对14	男	5	10.96	7.03	6.07	9.28	8.06	8.26
对15	男	5	10.51	9.56	6.89	10.96	8.91	7.29
对16	女	5	12.93	6.26	5.17	10.01	7.31	6.19
对17	女	5	11.87	8.02	6.56	9.16	9.16	7.96
对18	女	5	9.25	8.36	7.15	8.64	7.90	8.37
对19	女	5	10.59	8.24	6.77	9.41	8.63	7.31
对20	女	5	8.01	9.96	7.49	10.32	10.76	7.11
对21	男	6	9.36	9.14	5.82	8.43	10.96	7.84
对22	男	6	8.47	10.16	6.47	7.92	10.04	8.66
对23	男	6	8.77	10.52	6.81	6.77	8.29	6.17
对24	男	6	8.14	11.72	7.92	6.62	13.62	7.82
对25	男	6	7.11	11.73	8.92	8.67	14.58	10.05
对26	女	6	10.42	9.52	7.57	8.06	11.36	12.54
对27	女	6	8.21	11.63	9.64	8.26	13.62	11.87
对28	女	6	8.11	11.92	10.06	7.32	10.39	13.43
对29	女	6	7.54	13.00	10.01	6.21	12.20	10.92
对30	女	6	6.88	13.86	11.09	5.53	16.31	13.28

附件 2　BERG 平衡量表（BERGBALANCE MEASURE）

测试指标	评分标准	得分
1. 由坐到站	4 分：不用手帮助即能够站起且能够保持稳定； 3 分：用手帮助能够自己站起来； 2 分：用手帮助经过几次努力后能够站起来； 1 分：需要较小的帮助能够站起来或保持稳定； 0 分：需要中度或较大的帮助才能够站起来。	
2. 独立站立	4 分：能够安全站立 2 分钟； 3 分：能够在监护下站立 2 分钟； 2 分：能够独立站立 30 秒； 1 分：经过几次努力能够独立站立 30 秒； 0 分：没有帮助不能站立 30 秒；	
3. 独立坐	4 分：能够安全地坐 2 分钟； 3 分：能够在监护下坐 2 分钟； 2 分：能够坐 30 秒； 1 分：能够坐 10 秒； 0 分：没有支撑则不能坐 10 秒。	
4. 由站到坐	4 分：用手稍微帮助即能够安全地坐下； 3 分：需要用手帮助来控制身体重心下移； 2 分：要用双腿后侧抵住椅子来控制身体重心下移； 1 分：能独立坐在椅上但不能控制身体重心下移； 0 分：需要帮助才能坐下。	
5. 床—椅转移	4 分：用手稍微帮助即能够安全转移； 3 分：必须用手帮助才能够安全转移； 2 分：需要监护或言语提示才能完成转移； 1 分：需要一个人帮助才能完成转移； 0 分：需要两个人帮助或监护才能完成转移。	
6. 闭眼站立	4 分：能够安全站立 10 秒； 3 分：能够在监护站立 10 秒； 2 分：能够站立 3 秒； 1 分：闭眼不能站立 3 秒但睁眼站立能保持稳定； 0 分：需要帮助以避免跌倒。	

（续表）

测试指标	评分标准	得分
7. 双足并拢站立	4 分：能够独立将双脚并拢并独立站立 1 分钟； 3 分：能独立将双脚并拢并在监护下站立 1 分钟； 2 分：能够独立将双脚并拢但不能站立 30 秒； 1 分：需要帮助才能将双脚并拢且能够站立 15 秒； 0 分：需要帮助才能将双脚并拢且双脚并拢后不能站立 15 秒。	
8. 站立位上肢前伸	4 分：能够前伸大于 25cm 的距离； 3 分：能够前伸大于 12cm 的距离； 2 分：能够前伸大于 5cm 的距离； 1 分：能够前伸但需要监护； 0 分：当试图前伸时失去平衡或需要外界支撑。	
9. 站立位从地上拾物	4 分：能够安全而轻易捡起拖鞋； 3 分：能够在监护下捡起拖鞋； 2 分：不能捡起但能到距离 2～5 cm 位置并独立保持平衡； 1 分：不能捡起并且当试图努力时需要监护； 0 分：不能尝试此项活动或需要帮助避免失去平衡跌倒。	
10. 转身向后看	4 分：能够从两侧向后看且重心转移良好； 3 分：只能从一侧向后看，另一侧重心转移较差； 2 分：只能向侧方转身但能够保持平衡； 1 分：当转身时需要监护； 0 分：需要帮助及避免失去平衡或跌倒。	
11. 转身一周	4 分：能在两个方向用 4 秒或更短时间安全转一圈； 3 分：能在一个方向用 4 秒或更短时间安全转一圈； 2 分：能够安全的转一圈但用时超过 4 秒； 1 分：转身时需要密切监护或言语提示； 0 分：转身时需要帮助。	
12. 双足交替踏台阶	4 分：能够独立安全站立且在 20 秒内完成 8 个动作； 3 分：能独立站立，但完成 8 个动作时间超过 20 秒； 2 分：在监护下不需要帮助能够完成 4 个动作； 1 分：需要较小帮助能够完成 2 个或 2 个以上的动作； 0 分：需要帮助以避免跌倒或不能尝试此项活动。	

（续表）

测试指标	评分标准	得分
13. 双足前后站立	4分：能独立地将一只脚放另一只脚正前方保持30秒； 3分：能独立将一只脚放在另一只脚前且保持30秒； 2分：能独立地将一只脚向前迈一小步且保持30秒； 1分：需要帮助才能向前迈步但能保持15秒； 0分：当迈步或站立时失去平衡。	
14. 单腿站立	4分：能够独立抬起一条腿且保持10秒以上； 3分：能够独立抬起一条腿且保持5～10秒； 2分：能够独立抬起一条腿且保持3～5秒； 1分：经过努力能够抬起一条腿，保持时间不足3秒 0分：不能够尝试此项活动或需要帮助以避免跌倒。	

附件3　干预对象 berg 平衡能力测试记录表

类型	测试指标	0周	1周	4周	7周	10周	13周	16周	19周	22周
动态平衡	坐到站	3	3	3	4	4	3	4	4	4
	站到坐	2	2	3	3	4	4	4	3	4
	转移	2	2	3	3	4	4	4	4	4
	张开双臂向前伸	0	0	0	1	1	2	2	2	2
	向后看	1	1	2	2	4	3	4	4	4
	从地板上取物	1	1	1	2	2	3	3	3	3
	原地转360°	1	1	1	2	2	3	3	3	3
	双脚交替踏凳	0	0	0	1	1	1	1	0	1
静态平衡	无支撑站立	3	3	4	4	4	3	4	4	4
	无支撑坐位	2	2	4	4	4	4	4	4	4
	闭眼站	3	3	4	3	3	4	4	4	4
	双脚并脚站立	2	2	3	3	4	4	4	4	4
	前后脚直线站立	1	1	2	2	3	3	3	2	3
	单脚站立	0	0	1	1	2	2	2	2	2
	动态平衡得分	10	10	13	18	22	23	25	23	25
	静态平衡得分	12	12	17	17	18	19	21	20	21
	总得分	22	22	30	35	40	42	46	43	46

附件4　4~6岁幼儿平衡能力测量量表

动、静态平衡	测量项目	测量工具	测量方法	评价方法
静态平衡测试	① Romber检查法	秒表	受试者两足一前一后，足尖接足跟直立，双手叉腰记录受试者闭眼时间。测量一次。	得6分，能安全站好持续30秒； 得5分，在监督下站好持续30秒； 得4分，安全站好持续10秒； 得3分，在监督下站好10秒； 得2分，能站好3秒； 得1分，无法站3秒但可以稳住； 不得分，需要帮助以防跌倒。
	② 睁眼单腿直立检查法	秒表	受试者自然直立，一只脚支撑另外一只脚抬起时开始计时，支撑脚移动或抬起脚落地计时结束。测量两次取最好成绩。记录以秒为单位，不计小数。	得6分，独立抬起脚30秒以上； 得5分，独立抬起脚20~29秒以上； 得4分，独立抬起脚11~19秒以上； 得3分，独立抬起脚5~10秒； 得2分，独立抬起脚3~4秒； 得1分，独立抬起脚1~2秒； 不得分，无法尝试或需要协助。
	③ 闭眼单腿直立检查法	秒表	受试者自然直立，一只脚支撑，另外一只脚抬起时闭眼开始计时，支撑脚移动或抬起脚落地计时结束。测量两次取最好成绩。记录以秒为单位，不计小数。	得6分，安全站好超过30秒； 得5分，在监督下站好30秒； 得4分，能安全站好10~30秒； 得3分，在监督下站好10~30秒； 得2分，安全站好3~9秒； 得1分，能在监督下站好3~9秒； 不得分，站立时间不足3秒。

（续表）

动、静态平衡	测量项目	测量工具	测量方法	评价方法
动态平衡测试	①闭眼原地踏步法	秒表、眼罩、粉笔	受试者站立在直径40厘米的圆圈内，带上眼罩，听到口令后以120步/min的节奏做原地踏步，计时开始，自然摆臂。第二只脚脚跟踏出圈外计时结束。测量两次，取平均值。	得6分，按节拍踏步持续30秒以上；得5分，不按节拍踏步持续30秒以上；得4分，按节拍踏步持续10~29秒；得3分，不按节拍踏步持续10~29秒；得2分，按节拍踏步持续3~9秒；得1分，不按节拍踏步持续3~9秒；不得分，时间不足3秒。
	②前庭步测试法	尺子、眼罩	在地上画一条横线，再在横向左端画一条50厘米的垂直线，受试者左脚放在直角内，脚后跟抵住横线，左脚左外侧平行垂直线，右脚齐平站立。受试者戴眼罩向前走10步，停止时以左脚外沿为标志，测量与开始时左脚外沿的距离，测量一次。	得6分，按平常步态走偏差小于10厘米；得5分，不按平常步态走偏差小于10厘米；得4分，按平常步态走偏差在11~30厘米之间；得3分，不按平常步态走偏差在11~30厘米之间；得2分，按平常步态走偏差大于30厘米；得1分，不按平常步态走偏差大于30厘米；不得分，不敢向前或不能走完10步。
	③平衡木行走时间测试法	平衡木、秒表	受试者站在"起点线"后的平台上，面向平衡木，双臂侧平举，当听到"开始"的口令后，双脚交替向"终点线"方向前进，计时开始。受试者任意一脚尖超过"终点线"计时停止。测试两次，取最好成绩。以秒为单位，取小数点后一位。小数点后第2位数，按非"0"进"1"的原则进位。	得6分，双脚交替前进在5秒内完成；得5分，单侧脚始终在前行进并在5秒内完成；得4分，双脚交替前进在6~8秒内完成；得3分，单侧脚始终在前行进并在6~8秒内完成；得2分，双脚交替前进在9~12秒内完成；得1分，单侧脚始终在前行进在9~12秒内完成；不得分，完成时间大于12秒或不敢向前。

附件 5 实验组花样轮滑课程方案汇总

周次	课次	教授内容	教授、学习方法	教学过程
第一周	1	摔倒、起立	游戏法 练习法 示范法	准备部分：关节热身操、便鞋接力跑、课堂规则讲解 基本部分：练习穿脱轮滑装备与护具、起立动作练习、摔跤动作练习 结束部分：慢跑放松、教师协助放松 重点突破：装备穿脱要点的把握难点突破：起立动作全身保持紧张、摔跤动作注意身体各部位触地顺序
第二周	2	扶膝原地踏步	游戏法 示范法 完整练习法	准备部分：关节热身操、规定颜色抢桩游戏 基本部分：穿脱轮滑护具与轮滑鞋练习、摔跤起立练习、在垫上扶膝盖原地踏步练习、垫上原地静止练习、预习观看教师的踏步前进动作 结束部分：自主脱卸轮滑装备、放松抖腿练习 重点突破：摔跤起立后脚部动作的摆放需双脚平行或八字站立稳定、站立姿势时刻保持双手扶膝难点突破：踏步身形稳定不偏刃
第三周	3	踏步前进	示范法 巡回指导法 保护与帮助法	准备部分：关节热身操、森林冒险（模仿动物行为） 基本部分：自主装备穿戴练习、复习摔跤起立与原地踏步、垫上踏步前进练习、间隔垫上踏步练习、地上踏步前进练习 结束部分：自主装备脱卸练习、放松操、慢跑 重点突破：踏步前进过程中时刻记住双手放于膝盖难点突破：脚呈反八字前进，在前进中保持全身紧张不后退
第四周	4	刹车器制动	示范法 比赛法 完整练习法 保护与帮助法	准备部分：关节热身操、报号抢球游戏 基本部分：自主穿戴装备、复习原地踏步与踏步前进动作、模仿学习教师示范的刹车器制动动作、刹车器制动比赛（在规定区域内刹车停住） 结束部分：自主脱卸轮滑装备、便鞋刹车动作保持、慢跑放松 重点突破：正确做好刹车器制动动作 难点突破：在滑行中保持全身紧张，刹车时左右脚同时停住

（续表）

周次	课次	教授内容	教授、学习方法	教学过程
第五周	5	螃蟹步	完整练习法 示范法 保护与帮助法 比赛法	准备部分：关节热身操、红绿灯小游戏 基本部分：复习踏步前进动作、滑行练习、复习刹车器制动动作、学习螃蟹步动作 结束部分：放松操、抖腿，甩腿放松 重点突破：从轮滑桩正上方抬脚跨过 难点突破：熟练侧向移动动作
第六周	6	前葫芦绕桩	示范法 预防纠错法 分解练习法	准备部分：跑圈热身、关节操练习 基本部分：复习螃蟹步动作、反八字打开练习、正八字合拢练习、完整前葫芦练习 结束部分：放松操、慢跑放松 重点突破：脚部正八字、反八字动作的掌握 难点突破：连贯前葫芦动作的掌握，脚从打开到合拢的衔接
第七周	7	前葫芦绕桩	游戏法 完整练习法 保护与帮助法	准备部分：关节操练习、天气预警加计算游戏 基本部分：复习螃蟹步，前葫芦动作、接葫芦比赛（前葫芦动作接力）、预习观看单脚S动作 结束部分：放松操、慢跑放松
第八周	8	单脚S绕桩	示范法 分解练习法 完整练习法 巡回指导法	准备部分：关节操练习、滑圈抢桩 基本部分：复习前葫芦动作、左右单脚C字绕单桩练习、单脚S绕桩练习 结束部分：跑圈放松、放松操 重点突破：单脚绕桩路线的掌握 难点突破：一脚直线滑行一脚S滑行双脚保持协调
第九周	9	单脚S绕桩	游戏法 完整练习法 指导法	准备部分：关节操练习、老狼老狼几点钟游戏 基本部分：复习前葫芦动作、复习完整单脚S绕桩、S绕桩接力 结束部分：慢跑放松、放松操

（续表）

周次	课次	教授内容	教授、学习方法	教学过程
第十周	10	前葫芦刹车	游戏法 完整练习法 预防纠错法	准备部分：关节操练习、滑圈抢桩 基本部分：复习单脚S动作、复习前葫芦动作、单桩前葫芦刹车练习、滑圈中前葫芦刹车练习、障碍刹车比赛 结束部分：放松操、慢跑放松 重点突破：熟练掌握合拢制动动作 难点突破：滑行刹车前先打开双脚再合拢
第十一周	11	一字滑行	分解练习法 示范法 指导法 预防纠错法	准备部分：关节操练习、拔萝卜游戏 基本部分：复习单脚S绕桩动作、复习前葫芦绕桩动作、复习前葫芦刹车动作、双脚平行双手侧平举惯性滑行、双脚前后分腿双手侧平举一字滑行 结束部分：放松操、跑圈放松 重点突破：沿直线轮滑桩滑行直线 难点突破：双脚前后开立直线滑行
第十二周	12	一字滑行	游戏法 完整练习法 比赛法	准备部分：关节操练习、听号抢桩 基本部分：复习单脚S绕桩、前葫芦绕桩前葫芦刹车动作、复习一字滑行动作、沿轮滑桩道一字滑行比赛 结束部分：放松操、跑圈放松
第十三周	13	双鱼滑行	分解练习法 示范法 预防纠错法 指导法	准备部分：关节操练习、红绿灯加天气预警游戏 基本部分：复习一字滑行、原地转髋练习、双脚平行惯性滑行、双鱼入桩滑行练习 结束部分：放松操、跑圈放松 重点突破：熟练掌握原地转髋练习 难点突破：入桩转髋摆臂协调配合
第十四周	14	双鱼滑行	完整练习法 游戏法 比赛法 巡回指导法	准备部分：热身操练习、障碍跑游戏 基本部分：复习一字滑行动作、复习双鱼动作、双鱼两两比赛动作流畅度、来回双鱼动作接力 结束部分：放松操、跑圈练习

图书在版编目（CIP）数据

幼儿轮滑理论与实践研究 / 王岐富著. —长沙：湖南师范大学出版社，2022.11

ISBN 978 – 7 – 5648 – 4768 – 5

Ⅰ.①幼… Ⅱ.①王… Ⅲ.①滑轮滑冰—儿童读物 Ⅳ.①G862.8 – 49

中国版本图书馆 CIP 数据核字（2022）第 234195 号

幼儿轮滑理论与实践研究
Youer Lunhua Lilun yu Shijian Yanjiu

王岐富　著

◇出　版　人：吴真文
◇责任编辑：彭　慧
◇责任校对：胡晓军
◇出版发行：湖南师范大学出版社
　　　　　　地址/长沙市岳麓山　邮编/410081
　　　　　　电话/0731 – 88873071　0731 – 88873070
　　　　　　网址/https：//press. hunnu. edu. cn
◇经销：湖南省新华书店
◇印刷：湖南省美如画彩色印刷有限公司
◇开本：710 mm×1000 mm　1/16 开
◇印张：12.5
◇字数：220 千字
◇版次：2022 年 11 月第 1 版
◇印次：2022 年 11 月第 1 次印刷
◇书号：ISBN 978 – 7 – 5648 – 4768 – 5
◇定价：58.00 元